VIVIR
SIN
CULPA

VIVIR SIN CULPA

¡TIENE QUE HABER OTRA MANERA DE VIVIR!

Paula Ocampo

Segunda edición: noviembre 2020

© Paula Ocampo

Info@paulaocampocoach.com

www.paulacampocoach.com

Instagram @Paulaocampocoach

www.instagram.com/

paulaocampocoach

www.facebook.com/

paulaocampocoach Youtube

Paula Ocampo Coach

ISBN: 978-1-7359231-1-6

IMPRESO EN COLOMBIA

AGRADECIMIENTOS

A mi esposo Fer por estar a mi lado en todos los momentos especialmente cuando ya no quería seguir adelante. Por ser mi motivador y animarme a sacar este libro y, sobre todo, por amarme incondicionalmente.

A mis hijos, quienes son mi motor y gracias a ellos soy una mujer más fuerte y una mamá más consciente, los amo con todo mi corazón.

A mis más grandes amigas y colaboradoras para que este libro hoy esté en tus manos. A Andrea Campesino, por tu motivación y por acompañarme en cada paso del libro. A María del Rocío Bonilla, por sus maravillosas imágenes, y a Manuela Ocampo por darle los retoques a mi escritura.

ÍNDICE

Agradecimientos 9
Prólogo 19
Introducción 23

Capítulo 1
Mi historia 39
¿Cuál es tu historia? 50
La culpa 51
La culpa también viene de antes: escogemos a nuestros padres 60
La forma de aprender es cometiendo errores 64
Los espejos, tus grandes 68
Maestros de vida 68
La sombra 74
La depresión 79
Las creencias 82
Juicios 87
Herramientas para dejar la culpa 93

Capítulo 2
El perdón 95
Aceptar vs. Resignarse 100
Libérate de las cargas.. 102
Ho'oponopono.. 103
Sana a tu niño interior 112
Trabajando la niña interior... 115
Cambiando tu realidad 119

Capítulo 3
¿Cómo es tu realidad?..121
Entregar tus sueños a dios.. 122
Los ángeles, seres de luz 127
El merecimiento... 130
¿Qué hacer cuando me siento culpable, deprimido y sin esperanza? 135
Flexibilidad, la clave de la vida 141
Tu propósito: 147
¿A qué viniste al mundo? 147
Afirmaciones diarias 153
Gracias, gracias, gracias 157

Querida lectora

Si tienes este libro no es por casualidad, sino porque Dios quiere entregarte un mensaje a través de mi experiencia y que vivas una vida de esperanza y amor.

Si estás atravesando una crisis o has experimentado una vida de traumas y sufrimiento, este libro te va a ayudar a descubrir la raíz de todo este dolor.

Quería, también, darte un mensaje que Dios me envió para ti y para mí.

Eres un ser maravilloso, lleno de luz y gracia, eres una buena persona, llena de cualidades y virtudes, resaltadas por tu belleza y entereza, eres un ser perfecto porque yo te hice a imagen y semejanza mía… Tuviste que atravesar un ciclo de aprendizaje grande y doloroso, pero quiero decirte que tienes un cuerpo físico prestado, tú eres espíritu, y ese espíritu nunca nadie lo va a tocar, tú eres libre, amada mía, tu alma

va a trascender y se llevará un aprendizaje cuando deje ese cuerpo.

Ya es hora de seguir adelante, todo lo que viene es bueno, la abundancia y la prosperidad son tus aliadas en tu vida, te ganaste el derecho a ser feliz, a tener tranquilidad y paz interior que lograrás cultivar cada día más en la medida en que lo expreses al mundo, no temas, que todo va a llegar en su momento, te estamos preparando para ello, preocúpate por ti, haz todo lo que puedas por llegar a esa paz y felicidad que tanto has buscado. Sigue tu intuición, pues es ahí donde te estoy hablando, te mando señales todos los días, solo abre los ojos de tu alma para verlas.

Vas a sanar porque tú lo has decidido. Y no hay nada en contra de eso, el éxito está asegurado. El perdón es el único que nos puede liberar del dolor y del pasado, perdónate a ti misma. ¡No lo pudiste hacer mejor! Perdona a la persona, no a su acto, acepta que te hirieron, que sientes dolor, no lo evites, llóralo si es necesario, pero no pretendas esconderlo.

Adelante, amada mía, sigue, que yo estoy a tu lado, ¡todo está en perfecto orden! Vas a verlo, ten fe. ¡ESTOY CONTIGO SIEMPRE, CREE!

TE AMO.

«¡Qué preciosidad es sentirse vulnerable!
¿Da miedo? ¡Sí!
La valentía reside en el corazón, ¡y el miedo es lo contrario al amor!
Entonces, sentirse vulnerable es desnudar nuestro corazón
y ser visible tal cual es.
Si te gustas a ti mismo, no hay miedo de mostrarse, no hay miedo de amar, no hay miedo de desnudarse,
no hay miedo de ser vulnerable...
¿Amor o miedo?
¡Tú decides!
¿Ser tú mismo o ser tu máscara?
¡Tú decides!
¡Siempre decidimos nosotros!»

Isabel Bueno, directora escuela Proyecto Ser

PRÓLOGO

> «La suerte es lo que ocurre cuando la preparación coincide con la oportunidad».
> Séneca

Colombia es sin duda el secreto mejor guardado de Latinoamérica. Millones de turistas en el mundo aún tienen miedo, o simplemente desconocen lo maravilloso de su capital, Bogotá: una perfecta mezcla de la diversidad y riqueza de culturas de este país. Ahí fue que empezó todo, un viernes de enero, cuando el país aún no ha empezado a trabajar porque sigue disfrutando de las vacaciones de invierno, y la empresa para la cual trabajábamos, por coincidencia, o más bien por destino, tuvo que mover la fiesta de fin de año para el inicio del siguiente debido a una desafortunada inundación en una de sus plantas.

Recién terminaba yo un año fuera del mundo laboral, en el que tuve la oportunidad de hacer volun-

tariado social y religioso en México. Si alguien ha tenido esta experiencia, sabe que el alma está en un momento deliciosamente sensible. La empresa para la que actualmente trabajo me ofreció una posición basada en Bogotá, y ese viernes sería el día que conocería a todos mis nuevos compañeros, pero jamás pensé que ese día conocería también a mi esposa, mamá de mis hijos (y muchas veces mía también), compañera de viaje, amiga, pero sobre todo al alma más hermosa que he conocido hasta ahora.

No sé el momento exacto en el que supe que con ella seguiría escribiendo la historia de mi vida: pudo haber sido en el momento que la vi por primera vez, o cuando me subí con ella a cantar al escenario y nos bajaron porque cantar no es precisamente nuestro mejor talento, o cuando nos besamos por primera vez enfrente de todos mis nuevos compañeros de trabajo en un momento en que tener una relación personal en ese mundo laboral estaba prohibido. Lo que sí sé es que fue ese día cuando tuve la certeza de que nuestra conexión iba mucho más allá de conocer a una persona de la cual poco a poco empiezas a enamorarte, sino que había algo más significativo y místico: un llamado, un destino y, sobre todo, un propósito.

Me ha pasado varias veces, y la verdad, lo mejor que puedo hacer es reírme, pues las personas que

me conocen primero a mí y luego a Paula se sorprenden y me preguntan cómo hice para conseguir que Paula se fijara en mí, ya que sin duda (lo dice su esposo) es una persona muy atractiva físicamente. Considero que la razón por la que nos enamoramos tan rápidamente, y por la cual seguimos juntos hasta ahora, con sus altas y sus bajas, pero con el convencimiento de querer tener una vida juntos, es que mi alma estaba en un momento tan sensible que vibró al mismo ritmo que la de Paula. Y cuando no son dos personas, sino dos almas, las que se conocen de verdad, no tienen otra opción más que enamorarse. Es fácil conocer el alma de Paula, ella es quien es y se esfuerza porque las personas la conozcan tal cual es; lo difícil es para todos los demás el poder también mostrar el alma como lo hace ella.

Y es que Dios, la vida y sus acontecimientos han ido preparando a Paula poco a poco para cumplir con su destino como una oruga se prepara para ser una mariposa. La vocación de la oruga es ser una mariposa, y no puede convertirse en un elefante o una jirafa. De la misma forma, Paula nació para mostrarle a todos la belleza de su alma feliz, que, si bien es cierto, ha sido purificada en el crisol de circunstancias difíciles, no puede dejar de ser plena, porque su vocación es ser plena y no puede dejar de serlo.

Yo he tenido la suerte de ver la transformación de oruga a mariposa de primera mano y, para ser franco, estoy sorprendido por la Paula que veo hoy. El proceso no fue fácil, ya que tuvo que besar muchos sapos (refiriéndome a ideologías y esquemas de pensamiento, por supuesto) para poder encontrar lo que realmente la liberó: dejar la culpa atrás. Parece algo muy simple, pero sin duda fue doloroso. Sin embargo, el efecto en su felicidad es increíble.

Estoy convencido que, si tú tienes este libro en tus manos, es por la «suerte» de la que habla Séneca: Dios, tú, el destino, la vida te han estado preparando toda tu vida para este momento de liberación, y es ahora cuando tienes la oportunidad de descubrir claramente que la vida es sencilla y bella, y que la llave de la felicidad está en tus manos. Estoy seguro de que, como lo fue aquella fiesta en la que conocí a Paula, este libro es probablemente el principio del camino, y que hay que vivir, y por qué no, gozar la transformación que Vivir Sin Culpa te invita a hacer. Y si tú te convertiste ya en mariposa, o estás en el camino de serlo, este libro te ayudará a confirmar que no estás sola o solo en tu transformación, y que estás yendo por el camino correcto.

Fernando Alfonso García, esposo de Paula.

INTRODUCCIÓN

¿Para qué escribo este libro? Tengo la necesidad en mi alma de mostrar mi historia y cómo he ido transformando la oruga en mariposa.

Muchas veces nos preguntamos por qué atraemos personas y situaciones en nuestra vida que nos causan sufrimiento. O por qué nos sentimos culpables de muchas cosas, y por más que hacemos cursos, leemos libros y practicamos diferentes técnicas, no nos funcionan. En definitiva, todos estos intentos son como un efecto momentáneo que sirve por una temporada, pero siempre volvemos a lo mismo de antes.

Lo que no sabemos es que nuestra mente está formada por dos partes: la mente consciente y la mente inconsciente. La mente consciente procesa solo el 5 por ciento de la información, tu mente inconsciente el 95 por ciento de la información. Por lo tanto, atrae-

mos todo a nuestra vida con nuestra mente, pero no con la mente consciente como se creía hasta ahora, sino con la mente inconsciente.

Adicional al inconsciente, tenemos unas creencias y memorias que vienen desde nuestra niñez. Muchas de ellas se caracterizan por ser negativas y son normalmente inculcadas por nuestros padres y figuras de autoridad como, por ejemplo, la educación que recibimos en el colegio y en la cultura en la cual crecimos, que nunca cuestionamos, pero que estuvieron en nuestros primeros 7 años de vida, que es cuando se forma la personalidad.

Es por ello que nos levantamos cada mañana con un dolor que no sabemos si nos pertenece. Una culpa que va más allá de nuestro ser, como si no perteneciera a nosotros. Y por ello quiero compartir mi proceso, ya que me he dado cuenta de que muchas personas atraviesan lo mismo.

Y entonces nos preguntamos: ¿qué hicimos para que no seamos capaces de perdonarnos? Vivimos una y otra vez lo mismo, es como un CD en nuestra cabeza que se repite una y otra vez. Tu mejor amiga en el colegio dijo que no quería volver a salir contigo cuando tenías 8 años, y ahora tienes 30 y sigues pensando que tus amigas te van a abandonar y te sientes mala persona porque te sentiste rechazada.

En consecuencia, estamos en dualidad constante: tristeza y alegría, violencia y paz, nos sentimos bonitas y luego feas... Siempre estamos buscando algo en el exterior, nos da miedo mirar adentro, escarbar qué heridas tenemos, y no queremos enfrentarlas. Sabemos que venimos al mundo para algo. No obstante, acallamos esa voz inmediatamente, diciéndonos que eso es mentira, pues según lo que estamos viviendo, no es posible ser feliz o realizar los sueños que tenemos.

Somos, entonces, víctimas de la vida. Llevamos años convenciéndonos de que nuestro caso es único, de que todos pueden menos nosotros, que hemos sufrido muchas necesidades o traumas cuando éramos pequeños. Luego decimos que no tenemos dinero, que nuestra pareja nos maltrata, que nuestro hijo tiene necesidades especiales, que no tenemos ayuda, que no tenemos tiempo, que nuestros padres fueron malos con nosotros, y así miles de excusas más que no nos dejan tomar medidas y seguimos en nuestra zona de *confort*: «la desdicha».

Y no digo que todas esas cosas no duelan, claro que sí, y siempre nos hemos preguntado: ¿por qué me pasó esto a mí? ¿Qué hice para merecerme esto? Y luego nos convencemos de que somos víctimas de la

vida, teniendo como resultado un círculo vicioso de dolor y sufrimiento.

Alguna vez te has preguntado: ¿para qué he vivido esas situaciones? ¿Qué aprendizaje he venido a traer al mundo para que me hayan pasado estas cosas? ¿Qué vino a aprender mi alma? ¿Por qué tuve estos padres? ¿Para qué pasé por ese trauma?

Al cambiar el «¿por qué?» por el «¿para qué?», me cambió el modo de ver mi vida, me brindó la capacidad de pasarme al asiento del conductor para tener la certeza de que yo puedo decidir para dónde quiero ir, buscando no ser la persona que va a la deriva de las circunstancias, sino ser la persona que es responsable al 100 % de lo que le sucede. Aclaro, no ser el culpable sino el responsable para poder cambiar el rumbo de mi vida porque yo lo elijo así y nadie tiene derecho a intervenir.

Antes de nacer hacemos un pacto de almas: decidimos a qué familia vamos a llegar, en qué país vamos a nacer, elegimos el nivel socioeconómico que nos rodeará y, lo más importante, decidimos qué venimos a aprender, para así trabajarlo y hacerlo cons-

ciente para poder seguir la evolución de nuestra alma a las siguientes vidas.

Por ejemplo, si vinimos a trabajar el amor propio, tendremos entonces padres agresivos, pareja, amigos y personas que nos van a llevar a nuestro límite para comprender que debemos poner fronteras a nosotros mismos. O si, por el contrario, venimos a aprender a que somos abundantes, tendremos muchas dificultades con el dinero, etc.

En consecuencia, tendremos espejos de todo tipo que nos harán ver en qué debemos trabajar en nuestro interior para así poder sanar. Los espejos son esas personas con las que tenemos un vínculo emocional muy fuerte que nos pueden molestar o con quien tenemos dificultades mayores, como lo son nuestros padres, hijos, primos, amigos, jefes, vecinos, entre otros. Ellos son los portadores de un mensaje que nos dice en qué punto de la dualidad nos hemos quedado estancados.

Si estamos viviendo desolación, tristeza y humillación en nuestra vida, vamos a atraer personas que nos van a incrementar esos sentimientos. Y si estamos bloqueados por esos sentimientos de ira y rabia (inconscientes en su mayoría, pues no sabemos que los tenemos), va a venir otra persona o situación que nos

mostrará lo que tenemos dentro de nosotros y no nos lo hemos perdonado.

Por consiguiente, vivimos diariamente en una montaña rusa de sentimientos, ponemos en el exterior nuestra felicidad; si estamos bien con nuestra pareja, entonces estamos bien; si perdemos un trabajo, entonces estamos mal; si nos dijeron que estábamos bonitas, se nos alegra el día; si nos insultaron en el supermercado, entonces nos sentimos mal. No nos hemos dado cuenta, lastimosamente, de que nuestro mundo interior refleja nuestro mundo exterior.

Pero, como dice un curso de milagros, hasta que no cambiemos de percepción, nuestra vida va a ser la misma. No nos liberaremos del miedo.

Ese miedo, liderado por el ego, nos sabotea cada día de nuestra vida, nos lleva a creernos incapaces de todo. Somos malos, nos dice esa voz, no merecemos lo bueno de la vida. Traemos a nuestra mente millones de veces el mismo acontecimiento porque simplemente no tenemos el derecho de ser felices. En el fondo de nuestro corazón esperamos un milagro, sabemos que hay más, pero no sabemos cómo lograrlo. Estamos soñando sufrimiento y dolor sabiendo que podemos vivir una vida de dicha y paz.

¿Para quién escribo este libro? Para aquellas mujeres y hombres que están atravesado un punto de quiebre en su vida, una crisis donde ven su panorama gris; para quienes tienen despertares de desasosiego y viven en automático. Para aquellos que, a pesar de que tienen todo, por dentro viven una lucha interna constante. No se aman a sí mismos y cargan culpa por todo lo que les sucede.

Además, tienen problemas desde su niñez, especialmente con sus padres. Para quienes han creado una falsa autoestima y se han sentido incomprendidos desde siempre, no han encajado en el grupo al cual pertenecen. Sienten en su corazón que hay algo más, pero deben ponerse una máscara para poder pertenecer a la sociedad.

Para aquellos que complacen a todo el mundo y dicen que sí, aunque no quieran hacerlo. Para los que comienzan un proyecto y lo dejan a la mitad porque no se creen merecedores de lograr algo importante y el autosabotaje es su acompañante diario. Un buen ejemplo es aquel que comienza a hacer ejercicio y luego, después de dos semanas, ya se dice a sí mismo que no lo va a lograr y que terminará dejándolo: entonces no se vuelve a levantar temprano.

Su cuerpo, entonces, les ha hablado desde hace mucho tiempo diciéndoles que lo escuchen. Las heri-

das ya no pueden quedarse en el alma, sino que ya se manifiestan en el exterior con trastornos alimenticios, problemas intestinales, migrañas, problemas de alcohol o drogas, trastornos psicológicos y demás.

Tienen, además, un miedo increíble al abandono y a ser rechazados. Se ponen una máscara de perfección, son entonces los mejores amigos, los mejores hijos, los mejores esposos y las mejores personas para tapar ese dolor.

También han leído todos los libros de crecimiento personal, han asistido a miles de cursos y han tenido procesos de *coaching* o psicología que comienzan implementando con mucha disciplina hasta que vuelven a revivir el trauma o el disparador de su culpa y vuelven al mismo círculo vicioso de antes.

¿Por qué yo, Paula Ocampo, escribo este testimonio? Yo he vivido cada una de las etapas que menciono anteriormente; traumas de la niñez y situaciones familiares que me han hecho sufrir y vivir con culpa por más de 30 años. No me acuerdo de un solo día de no haber sentido culpa. El primer recuerdo que tengo, y que fue a los tres años de edad, fue estar siendo abusada sexualmente. Desde allí mi vida

tuvo un significado diferente y creé patrones y creencias respecto a mí, llenas de miedo, baja autoestima, culpa y sufrimiento diario.

Como consecuencia, puse en mi belleza física todo mi valor, pues eso era por lo que los demás me querían (ese era mi pensamiento en ese momento), mis papás me metían a concursos de belleza para bebés, me decían que yo era la bebé más linda y tierna, para mis abuelos era la muñeca más linda del mundo. Mientras tanto, yo pensaba qu,e a causa de esa belleza, me habían hecho mucho daño.

Nunca hablé del tema y creí que yo era la culpable por todo lo que me había pasado. Creía que debía guardar ese secreto tan grande para no hacer sufrir a mis papás y que no me iban a querer por ser «mala» y dejarme hacer cosas con consentimiento. Iba a psicólogas, pero nunca dije lo que me pasó, era muy doloroso, y en su lugar hablaba de cosas que eran los efectos de esos abusos, pero nunca de la causa.

Mis papás tenían una pésima relación, y yo absorbí todas sus inseguridades y falta de amor a ellos mismos. Cada día aumentaba mi creencia de que mi físico era todo mi valor, pues era lo que yo «valía». Cuando alguien miraba a otra persona que no fuera

yo, me sentía morir por dentro, porque si yo no resaltaba, nadie me iba a querer y, al mismo tiempo, me sentía culpable por sentir rabia con las otras personas. Comencé a querer tener la vida de los demás porque me odiaba a mí misma.

Con tan solo 10 años, mi vida estaba regida por la culpa, sentía culpa por lo que decía y porque cometía errores. Creé, como consecuencia, un patrón aún peor: buscaba la aprobación de los demás para que no me abandonaran. Por lo tanto, tenía que ser perfecta para lograr ese objetivo y no me permitía ni el menor error; eran días y días de reproches.

Así pasaron los años y sufrí varias depresiones (literalmente me quería morir). Llegué a tener problemas de obesidad, luego pasé por la anorexia nerviosa, gastritis crónica, colon irritable, por poco me da cáncer del cuello del útero, tuve problemas de alcohol y hasta me diagnosticaron síndrome bipolar.

El amor, qué les puedo decir, fue un desastre total. Pasé de relaciones malas a pésimas, donde mi valor como mujer no existía, donde me arrodillaba y rogaba que no me dejaran, así mi pareja del momento fuera quien me había engañado; pero como no tenía autoestima y tenía un miedo absoluto al abandono, rogaba para que no me dejaran y hacía hasta lo imposible para que vieran la buena persona que tenían al lado.

Cuando tenía 25 años, ya había pasado por 4 psicólogas, algunos psiquiatras, había hecho varios cursos de crecimiento personal. Sin embargo, mi vida seguía igual que cuando tenía 10 años; me dedicaba a repetir y a repetir la misma historia. La única diferencia es que, en cada caso, veía cómo mi vida se tornaba de gris a negro de una manera cada vez más acelerada. Me preguntaba qué era lo que pasaba, qué estaba haciendo mal para que no pasara nada nuevo: ¿por qué yo? ¿Por qué había venido a vivir una vida miserable, llena de sufrimiento? El dolor me estaba consumiendo y no podía seguir así.

No cabe duda de que yo estaba completamente dormida. No obstante, desde chiquita sabía que había algo más allá, muy dentro de mí, que valía la pena. Hablaba con Dios y le pedía todos los días que me ayudara a ser feliz. Una voz interior me decía: «Tú viniste a hacer algo grande al mundo, a ayudar a otras personas, espera, confía y ten paciencia...».

Sabía que Dios era amor y que él solo quería lo mejor para mí. Estaba un poco confundida porque crecí y me criaron bajo la religión católica, la cual me mostraba a Dios como un ser autoritario, estricto y castigador. Mi interior me decía que Dios no era así y sentía profundamente que una de sus misiones era enviar seres de luz a la tierra a protegernos y a guiar

nuestro camino, dejando de lado la culpa, poniendo como prioridad el respeto a las diferencias y donde el amor era la base de todo.

En medio de todo el sufrimiento diario siempre hubo una esperanza, una luz al final del camino que me motivaba a seguir, porque consideraba que yo podría ser uno de los seres de luz que Dios envió a la tierra a dejar un mensaje muy importante a la humanidad. Soñaba, entonces, con ser *coach* espiritual. Deseaba que mi voz se escuchara y anhelaba poder saber, transmitir y hablar con otras personas de temas profundos; soñaba ser un apoyo para aquellas personas que pasan por un momento difícil, brindar un espacio para que ellos puedan mostrar su esencia sin tapujos, sin ponerse máscaras; consideraba este sueño como la misma gloria.

Después de terminar varios cursos y leer mucho sobre el tema, decidí estudiar la certificación de *Coaching* Transpersonal, me rendí a Dios y me dije: «Tiene que existir otra manera de vivir». Dios, quiero ver a través de tus ojos, quiero actuar desde el amor y quiero que, a partir de este momento, seas tú el que dirija mi vida, te la entrego pase lo que pase, yo ya no la puedo manejar.

Y así mi vida comenzó a cambiar...

Capítulo 1

MI HISTORIA

«Por fin ocurre la gran transformación. Por fin, la vieja y fea oruga deja de existir, dando paso a la bella y noble mariposa. Con sus alas coloridas, su porte delgado y fino, la mariposa lucha y sale del capullo que, aunque haya servido muy bien a su "antecesora", ahora se torna una peligrosa trampa. En vez de comer incesantemente, la mariposa está satisfecha con poco. Su trabajo principal es el de ayudar a polinizar, y así ayudar a expandir la naturaleza y dar la luz a mariposas futuras. En este estado, la mariposa está libre».

Ho'oponopono. Conéctate con los milagros,
de María José Cabanillas.

MI HISTORIa

Quiero compartir mi historia porque es una manera de sanar mis heridas y ayudar a otras mujeres y hombres que, como yo, vivieron experiencias similares. Mostrarles un nuevo camino en el cual, a pesar de las adversidades y los traumas, sí es posible salir adelante y trascender todos los acontecimientos de nuestra vida que, en definitiva, han sido unas realidades que nos han hecho mejores seres humanos.

He mantenido un secreto por más de 30 años, y esto ha ocasionado muchas secuelas en mi vida, que hasta hoy día estoy todavía sanando. Una realidad horrorosa y profundamente devastadora de haber sido abusada sexualmente desde apenas los 3 años de vida hasta los 13 años por 7 diferentes hombres, ocasionándome vivir en dos realidades.

Los primeros años de esta lucha los viví pensando que lo que me hacían era normal y, al mismo tiempo, me amenazaban con decirle a mis papás y que ellos no me iban a querer porque yo era mala y sucia por hacer todo lo que me decían. Crecí creyendo todo esto de mí misma y por ello nunca se lo conté a nadie, por temor a que me odiaran, a no cumplir las expectativas que mis papás tenían de mí o a que me

dijeran que yo era la causante de todo lo que había sucedido.

El ambiente en el que crecí no era favorable para criar a una niña, y recuerdo estar mucho tiempo sola, no tengo muchas memorias de mi mamá abrazándome o prestándome atención, por el contrario, la sentía distante y por muchas temporadas me dejaban donde familiares, exponiéndome a múltiples abusos que se convirtieron en mi calvario.

Cuando tenía 7 años yo ya había vivido lo que muchos niños ni en sus peores pesadillas vivirían, trataba de ser una niña buena para compensar lo que pasaba dentro, decidí que iba a ser «perfecta» para que nadie pudiera descubrir mi gran secreto. Recuerdo que ya tenía ataques de ansiedad y pánico porque vivía a la espera de que esas amenazas se cumplieran y mi familia se fuera a enterar.

A los 12 años me sentía como una delincuente al tratar de esconder mi pasado, subí mucho de peso y como crecí pensando que solo valía por mi belleza, sentía que nadie me iba a apreciar si no tenía un cuerpo de reina. Fue una época muy dura, pues había gente que se burlaba de mí. Yo, inevitablemente, era una persona muy sensible y no me valoraba o me amaba, solo quería esconder mis sentimientos y

emociones para no ser juzgada y por fin pertenecer a un grupo social.

Como consecuencia, bajé mucho de peso y flagelé mi cuerpo dejando de comer, me fui al otro extremo, luego fue mi estómago y comencé a somatizar todo, no encontraba con quien hablar, pues tenía un peso muy grande; le oraba a Dios, le rogaba que me ayudara, me sentía pecadora y mala persona. Mi única creencia, fruto de mi estado emocional, era que debía ser linda para que la gente me quisiera, necesitaba la aprobación de las personas y tenía que llamar la atención de cualquier manera. Naturalmente, la manera de conseguir lo anterior no funcionó, pues no implicaba trabajar el origen de mi estado, sino autocomplacerme y buscar con fatiga la aceptación para disfrazar mi dolor. No sentía el apoyo de mis amigas o de mi familia; no me sentía amparada por nadie.

Me sentía como una cucaracha. Imaginen estar atrapados dentro de una olla a presión que va a explotar, una olla llena de culpa y de resentimiento, así justamente me sentía. Sabía que la solución era destapar esa olla, hablar, expresar y sanar pero, al mismo tiempo, no era capaz de hablar con mis padres, pues era demasiado penoso y creía que yo había provocado esos abusos.

Siempre quise ser otra persona, veía a los demás con vidas perfectas y yo no quería ni mi cuerpo ni mi alma. Lo que sí quería era tener más dinero, ser reconocida y popular, pero era una persona común y corriente con una familia de clase media. No me gustaba donde vivía, quería estudiar en un colegio bilingüe con personas importantes y nada de eso tenía, era como ser invisible y no tener ningún valor. Al mismo tiempo, como yo era linda para mi familia y siempre era la de mostrar, me confundía; en la vida real, con mis amigas, y en mi entorno, no era nadie, se trataba de una dicotomía constante.

Como respuesta a esta dicotomía, construí un mundo aparte. Trataba de escapar de esa vida tan falsa mientras mi interior estaba lleno de culpa y un odio profundo a mí misma. Mi autoestima estaba debajo del piso y se enterró aún más cuando conocí a una maestra que hasta el día de hoy no puedo olvidar. Ella era todo lo que yo quería ser, pero por más que yo me esforzara en igualarla o superarla siempre fui su sombra. Me esforzaba al máximo por ser perfecta, quería que me reconocieran, quería ser apreciada y aceptada por la sociedad; ella y yo éramos muy parecidas: éramos líderes, contábamos con una agraciada apariencia física, ambas éramos sociables y extrovertidas. Mi maestra y yo, por lo tanto, teníamos muchas cualidades para sobresalir pero, aunque yo

trabajaba día a día para ser como ella, nunca pude llegarle ni a los talones. No hace falta decir cómo esto influyó en mi depresión, me sentía culpable por odiarla y al mismo tiempo quererla, me sentía tan mal que iba a terapia para tratar de enmendar mis sentimientos negativos hacia esta situación. No tuvo que pasar mucho tiempo para comprender a qué había llegado esta mensajera a mi vida.

La enseñanza que creo que vine a tener en esta vida, y es el AMOR hacia mí misma, cada una de esas mujeres con las que me comparé alguna vez en el fondo traían un mensaje oculto: amarme a mí misma y ser fiel a lo que era, pero ese aprendizaje aún lo sigo trabajando, pues me enfoqué en trabajar afuera y no dentro de mí las respuestas que tanto busqué.

Igual que en mi infancia, seguía sintiendo que no podía hablar con nadie, pues me daba miedo decir lo que sentía. No podía ser yo misma, pues en esta sociedad es una constante que nos enseñan que tienes que ser de cierta manera, que no es posible sentir envidia, rabia, ira ni ningún sentimiento de dolor porque, si se siente esto, entonces eres una persona «mala».

Intentaba desahogarme conmigo misma, lloraba y lloraba todos los días. Era como llegar a una cárcel

en donde mi mente me obligaba a latigarme, no en vano existe el dicho: «El calvario se lleva por dentro». El mundo resquebrajado de Paula era esa cárcel y ese látigo. A veces intentaba refugiarme en libros de crecimiento personal que me daban tranquilidad por un corto tiempo; así tal cual como funcionan las cortinas de humo, pronto la autocomplacencia se evaporaba para que el dolor de existir volviera a surgir.

Sabía, muy en el fondo, que yo era especial y tenía muchas cualidades. Siempre estaba ayudando a los demás, me encantaba ir al ancianato a llevar comida para los viejitos; disfrutaba asistiendo a fundaciones de niños sin hogar o preparar regalos de Navidad para niños de bajos recursos; las causas sociales me llenaban de felicidad y le daban un poco un sentido a mi vida. Yo era una luchadora, lo que me proponía lo cumplía y tenía una creatividad que me hacía resaltar. Sin embargo, no podía ser completamente feliz, y mi secreto pesaba más que todas las bonitas cualidades que tenía por explotar, la culpa y las ganas de pertenecer a un grupo social, el afán de ser reconocida y de ser «aceptada» alargaban el camino por recorrer para llegar a amarme tal y como era.

Llegó, entonces, un momento de mi vida en el que, gracias a Dios, pude viajar al exterior. Demostré que podía quedarme más tiempo fuera de Colombia y de

mi casa del que mis padres originalmente planearon. Gracias a esta situación, también me demostré a mí misma que podía superar algunas adversidades. Sin embargo, seguían latentes mis altibajos; experimentaba momentos muy eufóricos y luego depresiones fuertes. Fue a los 18 años que comencé a tomar alcohol en forma con mis amigos, que eran más grandes que yo. Me sentía madura por el hecho de estar al lado de ellos tomando alcohol, nunca pude decir no. Cada semana bebía más de lo que debía.

Luego, cuando volví a Colombia, me fui a estudiar mi carrera universitaria en otra ciudad diferente a donde crecí. Creí que todo iba a cambiar, que ya no me sentiría mal y que iba a comenzar una nueva vida, rodeada de personas que no supieran de mi pasado; creí que me iba a sentir segura de mí misma y que mis problemas se habían solucionado. Pero qué lejos de la realidad estaba; me sumergí de nuevo en un mundo de superficialidad donde repetía la historia de sentir que no era nadie, y me sentía más sola que nunca.

Conocí a mi primer novio y la relación fue un desastre total. Evidentemente yo no sabía cómo valorarme, me dejé pisotear de muchas maneras y nunca tomé medidas porque creía que yo era afortunada de tener a una persona así a mi lado. Mi pensamiento

se fundamentaba en la premisa de que al fin yo era la que ganaba porque «alguien» quería estar conmigo. Fueron 4 años de más sufrimiento en los cuales me hundí más y más en la desolación. Ni el alcohol ni el supuesto amor lograron llenar los vacíos de mi persona interior.

Hoy en día pienso que mi primer novio no fue el culpable de mi estado emocional del momento. Yo fui la que permití que me trataran así, y hoy recuerdo esa experiencia como una de suma importancia para quien soy ahora. Para salir de ese túnel negro en el que vivía con este supuesto amor, tuve que sacar la fortaleza de mi alma y terminar la relación para seguir con mi vida. Tuve que irme de esa ciudad y otra vez comenzar de nuevo en otro lugar, lo cual no tuvo ningún impacto positivo porque nunca trataba el problema real, sino que me autocomplacía con agentes externos, como por ejemplo el alcohol, que obviamente no ayudaron en nada. En esta nueva ciudad comencé a tomar alcohol desde los miércoles hasta los domingos, lo que significaba estar en la onda de la sociedad. Tenía profundas lagunas después de las fiestas, me despertaba y no sabía qué había hecho el día anterior, siempre me levantaba con remordimiento de conciencia hasta que alguna amiga me llamaba a decirme lo que había hecho, como por ejemplo pelear, golpear a alguien, me caía, entre otras.

En definitiva, nunca me respeté en lo más mínimo. Salía de fiesta única y exclusivamente a buscar el amor. Hoy entiendo que lo llevé a cabo de una manera inadecuada, en un ambiente de licor y de banalidad. Lo único que yo quería era encontrar a una persona que valiera la pena y me respetara, pero de esa manera nunca la iba a encontrar. Por ejemplo, salía con alguien y luego nunca me llamaba, y yo me sentía como esa niña: vulnerable, descuidada, abusada y sin la menor autoestima. Yo sé que yo valía; yo era una buena mujer, buena hija, nieta, amiga que siempre estaba disponible para los seres queridos, siempre daba más de lo que recibía. Ahora reflexiono y me entristece no haber tenido el valor de hablar y de sacar todo esto que estoy describiendo para amarme y respetarme.

En ese momento decidí ir al psiquiatra, puesto que era evidente que no podía seguir así y que necesitaba ayuda. Nunca mencioné lo que me pasó cuando era pequeña. En consecuencia, ningún tratamiento fue efectivo, pues estos se limitaron a trabajar en los síntomas, mas no en la raíz de mis problemas.

A pesar de todo, Dios siempre estuvo conmigo. Cuando pensaba que no iba a salir de las depresiones, Él siempre me levantaba. Él estuvo a mi lado en todos esos momentos duros, Él fue el que me dio el

valor de seguir adelante y nunca pensar en el suicidio. Le pedí constantemente que me enviara a una persona que me quisiera, que me aceptara tal y como era y que fuera bueno, con valores bonitos. ¡Después de muchos años de trabajo interno, conocí al hombre perfectamente imperfecto para mí! Mi compañero de vida, mi mejor amigo, quien me ha apoyado en todo este proceso y con quien tengo dos hijos maravillosos.

Muchas veces pensé el porqué de lo que me ha tocado vivir. Unas veces me hacía la víctima y hasta me daba lástima de mí misma, otras veces sentía a Dios y veía una luz al final de tan arduo camino. Pero nada como ese día, el día en que Dios me habló y me dijo: «Tú eres un ser especial, todo lo que has vivido tiene un propósito, eres más fuerte de lo que crees, viniste a dar tu testimonio a otros que pasan por lo mismo, eres un símbolo de superación y debes hablar para que otros que no saben qué hacer no se sientan culpables, que expresen sus sentimientos y sepan que son seres extraordinarios y que yo los amo y estaré con cada uno en todos los momentos».

Para ser sincera, aplacé mucho este momento y me preguntaba: «¿Qué voy a escribir? ¿Cómo voy a

decir esto? ¡Nadie habla de estas cosas!». Pero siempre ha habido algo dentro de mí que me decía que debía escribir mi testimonio. Al escribir estas palabras, es inevitable no volver a recordar cosas que guardé y que nunca le dije a nadie, pero al mismo tiempo es como una autoterapia, pues al leer lo que escribo, me veo como una espectadora más y lo único que siento es compasión por alguien que es una triunfadora de la vida, que sale adelante a pesar de los problemas, que ha cumplido todos sus sueños y es una mujer muy exitosa.

Soy una persona de carne y hueso, tengo defectos, pero sigo trabajando en mí cada día. He hecho un gran proceso de despertar espiritual que quisiera compartir contigo. Te invito entonces a caminar de mi lado por la segunda parte de mi historia, esa parte que cuenta cómo de oruga pasé a ser mariposa.

¿Cuál es tu historia?

¿Has padecido de abuso sexual? ¿Tienes o has tenido desórdenes psicológicos o alimenticios? ¿Has sufrido maltrato físico o emocional? ¿Has sido o eres adicto a alguna relación, a las drogas o a la comida? ¿Has atravesado por cualquier otro tipo de trauma?

Quisiera que me escribieras y me contaras si vives con un secreto que nadie sabe y quieres compartirlo. Puedes hacerlo aquí: info@paulaocampocoach.com

Quiero formar un espacio donde podamos contar todo lo que nos ha pasado. Un espacio libre de juicios donde reinen el apoyo y respeto mutuo, porque cuando alguien entiende nuestro dolor y sentimos que no somos los únicos en el mundo, entonces es cuando sanamos realmente.

Ya es hora de hablar y quitar el miedo. No has hecho nada malo, y al tratar de esconder estas heridas, estás privando a ese ser lleno de luz y de amor que vino a hacer algo muy grande al mundo, y que por esa misma razón tuvo que pasar por todas esas situaciones; todo para que darse cuenta que es maravilloso o maravillosa y no hay nadie igual en el mundo.

La culpa

«Si no hubieras sufrido como has sufrido, no tendrías profundidad como ser humano, ni humildad ni compasión. El sufrimiento abre el caparazón del ego, pero llega un momento en que ya ha cumplido su propósito. El sufrimiento es necesario hasta que te das cuenta de que es innecesario».
Echart Tolle

A lo largo de mi vida, he experimentado un proceso de transformación maravilloso. Desde niña, sabía que mi propósito era dar un mensaje a otras personas que, como yo, viven en profunda tristeza y sin un motivo para vivir. Para sanarme tuve que escarbar hasta lo más profundo de mi ser para tocar a una puerta que no quería atravesar. Una puerta que me llevaría a confrontar de nuevo mi verdad; fue muy difícil enfrentar lo que aquel portón guardaba para mí, aquella triste realidad que me confirmó que mi vida era una mentira.

Pensaba que, debido a los abusos, yo era responsable por lo que me había pasado, que todo era mi culpa. A raíz de esta emoción tan negativa, me sentí mala toda mi vida, como si no mereciera nada, como si viviera dos mundos paralelos. Uno en el cual trataba de mostrarme perfecta, la mejor hija, la mejor nieta, amiga, la que sabía hacer de todo: cocinar,

pintar, organizar, la que no dejaba que nada le quedara pequeño. Pero, por otro lado, era la niña frágil, sintiendo culpa por todo, sentía que iban a descubrir mi secreto y tenía que ser cada vez mejor para que no me abandonaran. No obstante, sé que es hora de hablar para ser consecuente con lo que pienso, siento y hago. No quiero vivir en una mentira, encubriendo a los que me hicieron daño y no aceptando la realidad tal como es.

Nunca dije nada porque me sentía tan sucia, despreciable y mala persona que preferí callarme y crear una vida diferente afuera para que nadie fuera a ver el «monstruo» que guardaba en mi interior y que yo creía que era mi esencia. Nunca quise que mis papás se enteraran, más que todo quería proteger a mi mamá, pues yo sabía que ella sufría mucho por motivo de mi papá y muy seguramente por algo más grave, como para ponerle otra carga más. Sentí, entonces, que los papeles se invirtieron y que yo era la figura materna para mi propia madre, en vez de ser lo contrario y lo natural. Sinceramente no sé qué me llevó a tomar esta decisión, y tristemente puedo decir que no tuve una niñez, ni adolescencia, ni siquiera adultez feliz. Todo tuvo grandes y nefastas consecuencias que ya he narrado en el capítulo anterior; caí hasta el fondo del pozo para sanar tantas heridas profundas, enterradas casi como raíces en mi

alma, que salían a luz en forma de enfermedades, depresiones, trastornos alimenticios, relaciones de pareja conflictivas, problemas sexuales, entre otras consecuencias.

Gracias a mi camino y a mi verdad es que me he dado cuenta que por más que queramos esconder algo, la vida siempre nos va a mostrar, a través de situaciones, o personas, que ese dolor sigue allí y debemos enfrentarlo tarde o temprano. La vida también nos demostrará que la única manera de superar nuestros traumas es mirando en nuestro interior, aceptando la realidad tal y como es, sin poner resistencia o llorar a mares. La vida, entonces, nos confirmará que la única salida es hacer un proceso de sanación integral.

Cargué con esta culpa por más de 30 años y me imagino que muchas personas pasan por algo similar a mí, o por muchísimos otros traumas que hemos «normalizado» por causa de no contar con las herramientas espirituales o el nivel de consciencia suficiente para superarlos.

Entonces me di cuenta, después de miles de terapias, cursos, libros, y luego de vivir una vida llena de culpa, culpa y más culpa, de que mi alma había venido a hacer algo muy grande al mundo. Que debía

vivir en carne viva el sufrimiento y la baja autoestima para poder tener la sensibilidad suficiente de ponerme en los zapatos de los demás, tener compasión sobre todo conmigo misma y perdonarme porque no hice las cosas de una manera diferente.

Empecé por quitarme la máscara que tenía adherida a mi rostro, esa que no me quitaba para llegar a agradarle al mundo o evitarles a mis seres queridos el sufrimiento de saber lo que me había pasado. Dejé, entonces, de ser la salvadora para descubrir lo que realmente era, cuáles eran mis verdaderas pasiones, o con quién de verdad quería estar, decir sí cuando efectivamente quería y no cuando no quería. Tenía miedo al abandono, pero no sabía que el abandono más grande me lo estaba haciendo yo a mí misma por no escuchar la voz de mi alma, la cual clamaba por atención, honestidad y un directo y seco «me importa un *****» lo que digan los demás de mí.

Porque esa era mi gran lucha, el agradar a los demás por encima de mis necesidades. Como expliqué, yo me limitaba a trabajar cada día para ser, a toda costa, la más atractiva, la más querida, la más deseada y la mejor en todo lo que hacía. Salía con gente con la que no quería estar, estaba absorbida por una incoherencia plena, por un círculo vicioso de autosabotaje.

La vida, poco a poco, me mostraba todo lo que no había trabajado por dentro. Todo lo que intentaba resistir aparecía con más fuerza. Hoy interpreto esta evasiva alegando que aún no estaba preparada para ver los mensajes que me traían esos ambientes y esas personas, en su tiempo no identificaba que eran mensajeros de Dios diciéndome que me diera cuenta de que yo me debía amar por encima de todo. Pero no lo interpreté así y decidí tomar el camino con más curvas; me faltaban muchas más lecciones para llegar al perdón.

Crecer con bases débiles nos hace vivir embebidos por el miedo. Este miedo también invade nuestras creencias y los juicios que tenemos sobre el mundo. Escuchamos que el miedo hay que liberarlo de alguna manera, pero no nos dicen la manera correcta, así que tomamos el camino fácil; una liberación a través de conflictos con otras personas, baja autoestima, problemas de dinero, conformismos, sacrificios, luchas y violencia. Todo se resume, entonces, en una constante culpa por existir.

Esta culpa nos reclama a gritos que nos perdonemos, que seamos compasivos con nosotros mismos y que tomemos responsabilidad de nuestra vida. Yo

me hacía la de los oídos sordos. Sin querer escuchar mi interior, me terminaba viendo como una víctima de la vida y nunca quería tomar responsabilidad. Todos los días, por treinta años, me pregunté: «¿Por qué me pasó eso a mí? ¿Por qué no tuve un hogar funcional?». O: «¿Por qué tuve que pasar por esas experiencias traumáticas?» No importaban las cosas buenas que pasaban a mi alrededor, no podía disfrutarlas porque en el fondo me sentía culpable.

Pasaron muchos años, ya tengo una carrera en Negocios Internacionales, la cual no he ejercido, he pasado por mucho y me considero una mujer madura que sigue en camino de sanación. Decidí, entonces, que quería estudiar para ser *coach* transpersonal, pues en los últimos años me sentía muy ahogada con la vida que llevaba; así contara con dos hijos hermosos y un esposo maravilloso, no podía respirar. Es hora pues de tomar las riendas de mi pasado y transmitir el mensaje que vine a traer al mundo.

Cuando tomé esta decisión, le dije a Dios que le entregaba mi vida a él, confiando profundamente en su voluntad. Luego, en los días siguientes, encontré el curso que quería estudiar, el cual tenía una gran ventaja, pues al mismo tiempo que iba a certificarme en *Coaching* Transpersonal, iba a hacer el proceso de sanación conmigo misma. Es decir, todo lo que yo

iba a aplicar con alguien más lo estaba aprendiendo y experimentando con la tutora. Me pareció magnífico, pues estaba viviendo el proceso desde dos puntos de vista.

Recuerdo muy bien la primera tutoría con la directora de la escuela (a quien hoy le agradezco infinitamente todo el proceso de transformación que tuve y del que ella fue testigo). Hablamos de todo lo que me había pasado y era como si nunca lo hubiera confesado (solo lo sabían muy pocas personas). Comencé a llorar constantemente, eran lágrimas de dolor con esperanza, pues dentro de mí sabía que estaba en el camino que tanto había buscado, el de la sanación de mi alma.

Con mis estudios, llegaron más autores, conferencias y temas que antes no les había prestado atención, pero eran los temas que iban a cambiar mi manera de ver la vida y con los que le daría un nuevo significado. También comprendí que la culpa se hereda de generación en generación, y esa culpa que yo llevaba era tan arraigada que a veces pensaba que no venía totalmente de mí. La culpa es dada por el falso sistema del pensamiento del ego donde, si hacemos algo, debemos castigarnos, donde no merecemos el perdón por haber pensado o hecho algo que para nuestros ojos es condenable

y malo. La mayoría de veces pensamos que Dios nos va a castigar.

En mi cultura, donde predomina la religión católica, me presentaron a un Dios autoritario, que no aceptaba que yo cometiera errores. Me acuerdo que, cuando tenía 8 años, tenía un diario donde ponía todos los pecados que había «cometido», entre ellos si decía una grosería, o le contestaba mal a mi mamá, o peleaba con una amiga, etc. No entendía por qué tenía que confesarme con un cura por aquellas pequeñeces y, al finalizar, rezar varios padres nuestros y avemarías para que Dios me perdonara. Al término de la confesión, no sentía alivio. Por el contrario, me quedaban muchas dudas, porque muy en el fondo tenía un concepto de Dios muy diferente.

Un día, estuve en un retiro católico pensando que podría encontrar la paz y que Dios me iba a acoger en sus brazos y mi vida iba a cambiar. Por el contrario, me acuerdo de muchas de las mujeres, que ya eran facilitadoras del retiro, dar sus testimonios pero, en vez de promover sus principios como seres humanos que merecían respeto, hablaban de cómo tenían que estar con sus esposos a pesar de que les pegaran, les fueran infieles y más atrocidades que YO NO COMPARTO por más religión que sea, eso no se debe enseñar. Le seguí dando *chance* a este retiro, y por

más ganas de salir corriendo, me fui a «confesar», le dije al padre de mis abusos y lo que me respondió fue que me olvidara de eso y siguiera la vida, que no valía la pena recordar ni hablar de ello. Me quedé como en *shock* que un «representante de Dios en la tierra» me dijera eso. Cuántas personas no han tratado de encontrar refugió en la Iglesia y se encuentran con una pared, y peor aún, se quedan con el secreto como yo por la culpa.

No quiero decir que las religiones sean malas, ni mucho menos, solo creo que muchas veces seguimos lo que nos dicen con los ojos cerrados y en vez de ayudarnos nos hundimos más porque cada uno tiene su propia interpretación de las cosas, para mí Dios, por el contrario, es amor y no nos juzga. No tenemos que ir a confesarnos mil veces para que nuestros pecados sean perdonados, nosotros somos los que nos juzgamos, nos sentimos culpables y creemos que nos merecemos un castigo. Nosotros somos los que debemos perdonarnos a nosotros mismos y vivir en armonía con los que no creen lo mismo que nosotros, cada uno tiene su propio camino espiritual y no podemos juzgar.

La culpa También viene de antes: escogemos a nuestros padres

Ahora, con todo mi proceso, descubrí que todo lo que pasó tenía una razón: darme cuenta por fin que también llevaba a mis espaldas un peso tan grande que en parte no era mío, que cargaba, además de mis problemas, los de mis papás y mis ancestros. Necesitaba una limpieza profunda de mi alma. No comprendía por qué en varias ocasiones mi relación de pareja, en algunos aspectos, era igual a la de mis papás, o por qué tenía tantos problemas con el dinero, especialmente con el consumismo, o al sentir que no merecía lo que ganaba. Todo esto me hacía pensar que sucedía algo en mi interior, y que no había encontrado la raíz de todas estas preguntas sin respuesta y la razón de cargar con esta culpa tan grande.

Cuando tenía 35 años decidí ingresar a un curso llamado Curso de milagros en donde descubrí que nuestra vida no comienza cuando nacemos, sino mucho antes. Allí comencé a comprender y a encontrar respuestas a mis preguntas. Descubrí que hacemos un pacto de almas, escogemos a nuestros padres y, por consiguiente, a su linaje.

Con ellos, hacemos un acuerdo para continuar sus experiencias de dolor, de traumas, de dinero, de amor y de adicciones. Pero solo si tenemos el nivel de consciencia suficiente, podremos hacer un proceso de perdón con ellos y con nosotros mismos para liberarlos de su culpa y liberar la de nosotros y, por último, para no seguir cargando con ella y continuar nuestro camino de manera autónoma.

El proceso de Terapia Transgeneracional fue parte de mi proceso de liberación. Fue, sin duda, muy doloroso, porque destapé un caño de dolor y secretos oscuros de mi familia y míos. También comprendí que muy seguramente en mi familia se experimentó lo mismo o peor que lo que yo viví, lo que me hizo sentir una profunda solidaridad y consideración hacia ellos y hacia mi persona que nunca antes había sentido. Me puse en sus zapatos, fue como si camináramos juntas al mismo tiempo. ¡Lloré a mares por muchos días! Fue un proceso liberador que recomiendo muchísimo. Lo recomiendo solo si crees profundamente en esta técnica, no servirá de nada intentar algo en lo que no tienes infinita fe.

Por mi parte, había una confianza absoluta en el proceso, y creo que esto fue clave para su éxito. Sentía que esto era un paso fundamental para sanar mi alma. Lo sabía hacía mucho tiempo. Sin embargo,

debemos conocer cuál es el momento preciso para llevarlo a cabo. En mi caso, unos años antes no lo hubiera podido manejar con suficiente madurez y resignación, pues efectivamente este proceso revuelve muchas cosas que son dolorosas pero que, al sacarlas a la luz y hacerles un ritual de perdón lleno de amor, seguro liberan.

Al principio, y como todo en mi vida, quería que se fuera el dolor inmediatamente, que la culpa se evaporara y que todo cambiara en un abrir y cerrar de ojos. Poco a poco aprendí que nada valioso sucede de esa manera, que las cosas llevan su tiempo y el proceso de reacomodar las piezas de tu vida necesita un trabajo constante. Es como hacer ejercicio y llevar una vida saludable: no es cuestión de un mes o dos, es de toda la vida.

Ahora pasemos a tu caso. Si consideras que tus padres te han hecho mucho daño o no son las personas que hubieras querido que fueran contigo, o si sientes rabia porque fueron muy injustos o te abandonaron, este es el momento ideal para que los perdones y hagas conciencia de que te vinieron a enseñar. Es hora de liberarlos y de liberarte del dolor.

Debes ser consciente de que ellos, al igual que tú, también tuvieron sus traumas, fueron educados de

una manera y simplemente hicieron lo mejor que pudieron con el nivel de consciencia que tenían. Muy seguramente te aman con toda su alma, pero no lo demuestran, o les faltó amor por parte de sus propios padres. Por tal motivo es hora de hacer un alto en el camino y perdonarlos para seguir el tuyo con consciencia de saber lo que realmente quieres ser para luego poder enseñarle a nuestros hijos un camino saludable.

La forma de aprender es cometiendo errores

«Ve por ello, da todo lo que tienes, si pierdes, por lo menos lo intentaste. Fallar es diez veces más valiente que no intentarlo».
Julieta Suárez Valente, @astrologia_y_consciencia

En nuestro sistema de creencias nos inculcan que errar está mal, y debemos evitar a toda costa cometer el más mínimo error. Crecemos, también, con la idea de ser perfectos para que nos acepten y sobresalgamos. Si no tenemos éxito en nuestro cometido, nos condenamos a ser juzgados y etiquetados como fracasados.

Pero, ¿cómo un bebé comienza a caminar? Pues cayendo mil veces, y por cada caída aprende, hasta que un día lo hace bien y camina firme. Así mismo pasa en todas las etapas de la vida; vivimos al son de traspasar obstáculos para pasar al siguiente escenario de nuestras vidas. Sin este proceso, nunca será exitosa la obtención de la maestría de la vida.

Esta maestría está conformada por muchas materias que debemos aprobar, pero que en varias ocasiones fallamos y debemos repetir varias veces hasta aprender nuestra lección. En esta realidad del ensayo

y el error, cada vez estamos más cerca de conquistar la meta. La enseñanza es simple pero invaluable: no importa cuántas veces caigamos, pues vinimos a la vida a aprender. Naturalmente, hay unas áreas más difíciles que otras pero que son parte de nuestro currículo cuando llegamos a este mundo y decidimos encarnar en nuestro cuerpo.

A lo largo de la vida, cada uno crea su propio código moral, que es el conjunto de normas que forman nuestro comportamiento, tal como «no envidiarás», «no abandonarás a tus padres», «no ofenderás a los demás», entre otros preceptos. A este conjunto de normas se unen las establecidas por la sociedad, las que surgen del modo en que te educaron y del tipo de religión que te inculcaron. Este gran conjunto de leyes morales juega el papel del policía que vigila que tú estés comportándote acorde a ellas. Si las infringes, te sentirás culpable y tú mismo te darás tu castigo.

Lo que sucede es que este código no es verdaderamente tuyo, es más bien algo aprendido porque te han dicho que algo es «lo bueno» y, si no lo haces de esa manera, estás actuando «mal» y debes ser castigado por ello.

En consecuencia, vivimos en una constante lucha interna. Por un lado, nos latigamos, puesto que acep-

tamos el sistema moral sin oponer resistencia. Por otro lado, navegamos en un mar de confusión compuesto por lo que nos han dicho que es moralmente correcto y lo que sentimos realmente. En resumidas cuentas, se trata de un tira y afloja entre lo que deberías hacer y lo que de verdad quieres en tu corazón.

Al enfrentarnos a los problemas y a los fracasos de la vida, vamos creando un nuevo código de normas morales que van redefiniendo qué nos hace bien y qué no. Al aplicarlo, vamos madurando emocionalmente, desechando determinadas reglas y añadiendo otras que a veces son desconocidas y censuradas por la sociedad.

Un ejemplo de lo anterior: las corridas de toros eran parte del día a día en mi familia. Mi papá solía manejar una ganadería de toros y estaba bastante inmiscuido en este mundo. Consecuentemente, yo siempre crecí alrededor de esta práctica. Asistía a las corridas de toros sin cuestionar nada, así me doliera ver al toro lleno de heridas y despreciara a la gente que disfrutaba ver este supuesto espectáculo. Muchas veces sentí repugnancia por mí. Tuvieron que pasar muchos años de forcejeo moral en mi interior, pero un día decidí que nunca más iba a volver a asistir a una corrida de toros ni a ningún «espectáculo» donde mataran a un animal, y así lo he hecho por muchos años.

¿Te has preguntado alguna vez acerca de tus creencias? ¿Con qué te identificas y con qué no? ¿Quisieras incluir nuevos valores a tu vida?

«Lo que aprendas de tu experiencia será tu verdad absoluta, con ello serás más fuerte, ligero, tranquilo y sencillo».

(Ramtha) El libro blanco.

LOS ESPEJOS, TUS GRANDES MAESTROS DE VIDA

> «Los emisarios que tocan a tu puerta,
> tú mismo los llamaste y no lo sabes».
> Al-Mutamar-Ibn-Al Farsh (Poeta sufí de Córdoba).

Hasta ahora estábamos convencidos de que la causa de nuestro estado emocional era lo que pasaba afuera y que nosotros éramos las víctimas de ello. Nuestro ánimo cambia dependiendo de las acciones, comportamientos y reacciones de los demás. Si tu esposo está lindo contigo o te saluda bien en la mañana, estarás feliz durante el día, si por el contrario ni te mira, estarás mal. O si tu mejor amiga te dice algo que no te gusta, dependes de esto para estar bien o mal. Esto me sucedía constantemente, y aún me es difícil salir de aquel círculo en algunas ocasiones, pues vuelvo a creer que esto es real, y no es así.

En general, hay situaciones que nos brindan bienestar y otras dolor. Con el dolor sentimos culpa, rabia, tristeza y miedo, e intentamos cambiarlo, siendo mejores esposas, mejores amigas, mejores hijas, escondiendo nuestros sentimientos más profundos. Pero al tratar de cambiar el exterior, como por ejemplo manipulando para que nos quieran, siendo alguien que

no somos y mintiéndonos a notros mismos, estaremos cada vez alejándonos de la paz.

Por ello, constantemente vivimos eventos con diferentes personas que nos muestran que no hemos sanado nuestras heridas. Un ejemplo simple es aquel que se va de su casa a los 17 años y cada vez que vuelve de vacaciones siente de nuevo las mismas cosas de pequeño que le hicieron sufrir mucho. Hasta que no aceptes que te duele esto, y mucho, hasta que no tengas el coraje de perdonar a tus papás y a ti, vas a volver a vivir esto por muchos años.

«No son los demás los que nos hacen daño, son nuestras exigencias y expectativas
las que nos hieren. No es fácil eliminar las expectativas y los apegos,
pero lo logras si te propones y ya más nunca vuelves a sufrir».

Gonzalo Gallo

Si siempre te relacionas con hombres que son maltratadores, machistas y egoístas, lo que realmente te está mostrando la vida es cómo te maltratas a ti misma, cómo no puedes poner límites en tu vida y cómo

no te amas. Si tienes amigas que siempre tratas de complacer y sientes que se aprovechan de ti, o que tú no eres lo suficientemente buena para ellas y estás en una competencia por tener su atención, la vida te está mostrando también que necesitas de la aprobación de los demás para ser feliz.

«Todas las situaciones y personas que tenemos a nuestro alrededor
están aquí para que tomemos consciencia de cuánto nos amamos o cuánto nos lastimamos a nosotros mismos».

Marta Salvat

La ley del espejo dice: «Todo lo que veo en ti, lo tengo yo, tanto si me gusta o no». Lo que tienes dentro lo reflejas afuera, y cada persona que pasa por tu vida te muestra algo de ti. En muchas ocasiones no te gusta lo que ves. Por ejemplo, si tú sientes que eres una persona generosa y alguien es egoísta contigo y esa situación te desespera y llegas a no soportarla, esta persona te está mostrando hasta qué punto eres realmente «generosa». O, si por el contrario, cuando tienes a una amiga que te encanta su personalidad, que siempre está sonriendo y es muy práctica, que resuelve los problemas de forma fácil y vive la vida intensamente, y tú piensas que sería maravilloso pa-

recerse a ella (sin envidia) desde el amor, esa amiga también es tu espejo que, sin saberlo, te refleja, pero tampoco sabes que es parte de ti. En conclusión, las personas con las que te rodeas son tus espejos, y por eso entrar en conflicto con ellas significa confrontarte contigo mismo.

La siguiente vez que tengas en frente a un espejo, pregúntate: ¿esta persona o situación qué me está diciendo acerca de mí? ¿Qué debo trabajar a raíz de este espejo? ¿Qué necesito saber de mí, a través de ti, que aún no sé?

Reconocer, aceptar y hacer consciente lo inconsciente para cambiar

El inconsciente utiliza como espejos a personas con las que tenemos lazos emocionales fuertes, pues nos recuerda el punto prioritario que hay que resolver. Pueden presentarse a través de los padres, pareja, hijos, jefes, socios, amigos o primos. En ellos se proyecta lo que tenemos que resolver en nosotros mismos. En mi caso, esto fue muy difícil de entender, ¿cómo yo soy la responsable de transformar mi vida? Es loco, ¿no? ¿Cómo yo atraigo a las personas e hice un acuerdo antes de nacer para que aprendiéramos una de las otras? Y me repetía: «pero es que el otro

es el culpable de mi sufrimiento, yo no soy la responsable, son ellos que me están haciendo todo esto».

Pero a medida que iba investigando más, viendo vídeos en YouTube y tomando cursos, todo iba cobrando forma y sentido, pues comprobé que, al transformar mi ser, mis relaciones estaban mejorando.

Después de algún tiempo de casada, tuve un periodo de crisis con mi esposo muy fuerte e hicimos terapia de pareja. Yo sentía que él no me entendía y me odiaba, y así era imposible estar bien. Lo responsabilizaba de todo lo que pasaba y me sentía incomprendida porque no lo sentía a mi lado, nos habíamos distanciado mucho y no sabía si íbamos a aguantar. Al trabajar en mí misma, mi relación de pareja también cambió.

Haciéndome responsable de todo lo que me sucedía, mi vida comenzó a dar un giro, pues yo sentía que, si mi realidad era de tristeza y desesperanza, la podía cambiar por felicidad y esperanza. Si tú cambias, inevitablemente todo cambia a tu alrededor, tu energía vibra a otro nivel y, por lo tanto, contagias a los demás. También puede pasar que, al trabajar en ti, te das cuenta de que esa persona no era con la que realmente querías estar, pero tienes la suficiente madurez para terminar una relación sin traumas y sin

conflictos; puedes seguir con tu vida sabiendo de primera mano qué quieres hacer con ella.

«La energía no comete errores. La energía vibra en una frecuencia, y atrae aquello que vibra de la misma forma. Por tanto, la vida jamás te trae algo que está fuera de tu frecuencia. Cada una de las personas que están en tu vida son un agente importante, pues estáis compartiendo experiencias vitales para tu alma y también para la del otro».

María José Cabanillas

La sombra

«Uno no alcanza la iluminación fantaseando sobre la luz, sino haciendo consciente la oscuridad [...] Lo que no se hace consciente se manifiesta en nuestras vidas como destino».
Carl Gustav Jung

Muchos tenemos secretos de los cuales no hablamos mucho, pero que están ahí y nos hacen sentir una culpa muy grande. Yo crecí así, siempre en «competencia»; si a mi compañera le decían que era más linda o más inteligente, yo me desvanecía por dentro. Me molestaba que mis amigas tuvieran lo mismo que yo, y por ello sentía culpa. Como expliqué antes, mi única meta diaria era ser la mejor y así no sentir tanta culpa. Sin embargo, nunca revelé este lado «oscuro» de mi personalidad. Yo juzgaba que este rasgo me hacía ser una mala persona.

Al entender la ley del espejo y la sombra, comprendí que siempre que algo te indigna de otra persona, y no aceptas en ella, es algo que rechazas en ti. Debajo de este rechazo hay algo que tu alma añora de lo que aquella persona concreta tiene o disfruta: puede ser su forma de ser, su habilidad para tener amigos, su manera de desenvolverse y hasta su clase social. Obviamente no quieres reconocerlo porque siempre nos enseñaron que envidiar al otro es malo

y se trata de un pecado. No obstante, si no reconocemos esto, estamos desconociendo que somos seres humanos y que debemos aceptar que contamos con un lado de luz y un lado de oscuridad. Todos los seres humanos existimos en un mundo dual donde, por ejemplo, celebramos nuestras cualidades y valores como la compasión, la comprensión y la honestidad, pero también convivimos con sentimientos de envidia, de odio, de rabia y de tristeza. En vano es tratar de esconder y reprimir ese lado nuestro que nos avergüenza, pues la culpa, la depresión, el sufrimiento y la repugnancia son las únicas consecuencias de intentarlo.

«La sombra es la parte de nuestra personalidad que hemos rechazado generalmente de un modo inconsciente, para conseguir el reconocimiento y la aprobación de los demás, en ella se encuentra todo lo que hemos enviado al inconsciente por temor a ser rechazadas por las personas significativamente importantes para nosotros».

María José Cabanillas

Yo creo que una de las causas de mi depresión era el miedo a que descubrieran cómo era yo realmente, como si estuviera ocultando un crimen por no aceptar esa parte negativa de mí misma. ¿Recuerdas que

te hayan enseñado que sentir envidia de alguien es bueno? Por el contrario, te decían que Dios te iba a castigar por solo pensarlo, o que te iban a dejar de querer por ser «envidiosa». Otro ejemplo es cuando a los niños se les reprime diciéndoles que no lloren porque eso no es de hombres, entonces reprimen esto toda su vida y acumulan rabia y tristeza por no poder expresar realmente lo que son.

Yo, en mi caso, creé una competencia desde muy chiquita con otras mujeres y seguí ese patrón por muchos años, y cada vez la vida me mostraba más y más mujeres con las que tenía un conflicto. Tal vez mi familia, sin quererlo, me comparaba con las otras mujeres, y entonces en mi inconsciente se instauró la premisa de que, si no resaltaba, no iba ser amada. Cada vez que lo revivía con diferentes personas y en diferentes épocas, era para que trabajara en reconocer que tenía un trauma y no, como comúnmente se pensaría, en dejar de ser una persona envidiosa. Estas situaciones también se presentaban para decirme que debía trabajar en amarme, en respetarme y sobre todo en procurar no compararme con nadie, pues cada persona es única, y la belleza definitivamente radica en nuestro interior. Además, si alguien nos va a apreciar y valorar, nos debe aceptar como un todo que se complementa de cualidades y defectos. En el cielo hay millones de estrellas y cada

una tiene su luz y su espacio, cada una cumple una función en el universo; así, tú y yo somos estrellas.

La manera de reprimir la sombra es creando máscaras ante la sociedad, lo que desemboca en una ansiedad constante y crisis de persecución, pues nos creemos algo así como criminales por no mostrarnos tal y como somos. Pero, ¿cómo podemos cambiar esto? Reconociendo nuestra sombra. Al llevar a cabo un reconocimiento, podremos ser libres y aceptar nuestra vida tal cual es, con nuestra luz y nuestra oscuridad, y no podemos esperar la perfección, no podemos esperar que todos los días sean brillantes y soleados. Al reconocernos como lo que somos, podemos vivir mejor, sin tener que pretender ser diferentes y, por lo tanto, le damos la oportunidad al otro de ser, porque esa persona puede ser también transparente.

Es muy importante no identificarse con la sombra: es decir, reconocer que eso negativo no es nuestro. Es, por el contrario, nuestro ego, nuestro falso yo. Es, en consecuencia, una creencia que hemos construido a través de los pensamientos negativos que hemos tenido y de nuestras experiencias pasadas. Estoy segura de que muy en el fondo sabemos que somos seres de luz.

¿Cómo, entonces, le quitamos fuerza a la sombra? A través de la aceptación consciente de que está ahí pero no identificándose con ella; en otras palabras, dejándola pasar humildemente. Por ejemplo, si acepto que tengo mucha rabia acumulada, al reconocerlo y aceptarlo puedo descargarme y sentir la paz. El camino para eliminar la sombra es mirarla de frente, aceptarla, acogerla y luego dejarla libre.

Mirémonos con compasión, aceptemos que no somos perfectos, que somos vulnerables y débiles en algunas ocasiones, Abracémonos como si lo hiciéramos con nuestro mejor amigo, entendámonos tal y como lo hacemos con nuestros seres queridos.

La depresión

«Tienes el poder
de cambiar
un domingo triste
en la mañana
por uno feliz.

Es por eso
que eres mágica,
solo sonríes
y el mal pasa…».

Manuel Ignacio

La depresión es un estado de profunda tristeza, es como un callejón sin salida donde tus miedos están ahí exacerbados. Cada día te sientes más chiquitico, sientes que no vas a poder más con la vida y hasta cuesta respirar.

El miedo es el principal generador de la depresión. Para mí, la depresión es el resultado de dejar de soñar o de pensar que no podía cumplir mis sueños. Era, entonces, el proceso de aniquilarlos todos los días con pensamientos negativos y el sentirme muy poca cosa. Siempre viví en dos mundos, el de mi interior

con el que a veces me conectaba con mi alma, con Dios, con los ángeles, en donde podía soñar y sentir que todo era posible. Y el otro mundo, el externo, donde tenía que pretender ser alguien más para que no me descubrieran, para aparentar, para encajar en un grupo y donde me perdía cada día más.

Cuando me desintonizaba de mi esencia, venían las depresiones más profundas. Cuando, por ejemplo, hablaba de mis sueños con alguien, y ese alguien me afirmaba que no se podían lograr, sentía una cuchillada en mi corazón y me connotaba como una desagradecida por querer algo más. Al sentir esto, estaba acabando con mi motor de vida, que era mi capacidad de crear y de sentir que venía al mundo a algo más allá que vivir en mi caparazón, de expandirme y poder ser una voz para tantas personas que están inmersas en su dolor. Yo quería traer otro mensaje como muchos de los que se dedican al desarrollo espiritual, pues cada uno pasó por sus batallas y descubrió que sí era posible vivir con un propósito. Hubo una época en que yo veía a algunos de ellos con mucha rabia, pues ellos tenían lo que yo no podía, y con esto solo logré atrasar mi lucha. Hasta que descubrí que yo podía llegar a ser igual, que todos pasaron por los mismos miedos que yo y que la diferencia era que ellos ya habían superado sus

batallas y, a pesar del miedo, seguían caminando y buscando llegar a su objetivo.

Entre mis miedos más profundos estaban el miedo al fracaso y al qué dirán. A veces sentía que yo no era nadie para escribir sobre temas de crecimiento espiritual o que no merecía ser *coach*. Me repetía que ya existían miles de *coaches* o de libros sobre el tema y que había mucha competencia. Otro miedo gigante que tenía era el de hablar con alguien de la verdad. Es decir, no quería enfrentar a otra persona siendo completamente honesta y transparente para no perderla, por eso seguía siendo infiel a mí misma al no hablar con la verdad y seguir pretendiendo. Y, por último, el otro miedo, el más importante para mí, fue el de no permitirme sentir y dejar la culpa. No me permitía sentir el dolor, pues había tenido muchas experiencias que me habían marcado y, como no las quería revivir o recordar, prefería evadirlas, identificándome constantemente con mi ego.

Las creencias

«Siempre nos aferramos a lo que nuestra mente conoce. Nos aferramos a nuestras creencias como si fueran verdades absolutas. Y, de entrada, no es fácil dar nuestro brazo a torcer y asumir que todo aquello que creemos como cierto no son otra cosa que creencias heredadas».
Rut Nieves

Las creencias se forman desde la niñez y es el conjunto de pensamientos repetitivos que se vuelven un patrón. Las creencias más arraigadas se forman en su mayoría hasta los 7 años de vida, que es donde ya creamos nuestra personalidad.

Las que encontramos con mayor facilidad tienen que ver con nuestra identidad y nuestra capacidad. Por ejemplo:

«¡Soy fea!»
«Soy desordenada…»
«¡Soy un desastre!»
«No soy buena en matemáticas…»

Cuando somos niños y quebramos un florero, nuestros papás nos dicen: «Eres un niño malo». Comenzamos, entonces, a creer que, si cometemos un error, somos malas personas, y emprendemos la inalcanza-

ble lucha por ser «perfectos» para que nos quieran. El anterior es un ejemplo muy simple, pero es así como funciona nuestro cerebro. Acumulamos creencias en nuestros primeros años de vida; luego, en la adultez, vemos que nuestro exterior refleja exactamente lo que estamos pensando.

Las creencias no son hechos reales, aunque lo parezcan. Las creencias conforman nuestra forma de ver el mundo. Si tus papás decían que el dinero no alcanzaba o que no se podía pensar en tener algo mejor, o nunca había suficiente, muy seguramente tú vas a tener problemas con el dinero, pues la creencia que tienes de él es que es escaso y es muy difícil conseguirlo.

Otro ejemplo común es: «No se puede tener todo en la vida». A partir de esta creencia, acabamos eligiendo una cosa u otra, cuando podríamos tener las dos. Por el contrario, si siempre te dijeron que eras capaz de hacer todo en la vida, y que no había obstáculos, tú vas a creer esto y muy seguramente serás muy exitoso.

¡Lo que crees es lo que eres!

Pensamos que el universo es limitado y eso no es verdad. Hay, por ejemplo, miles de diseñadores, doc-

tores, odontólogos, psicólogos, artistas, cantantes, y sigue habiendo clientela y público para todos.

Creemos que soñar y lograr lo que queremos es algo muy difícil de hacer realidad. Nos convencemos de que no tenemos las suficientes capacidades y habilidades para ello. Pero no es así, todos los que han triunfado en eso que tanto anhelaron comenzaron como teniendo las mismas dudas. Ellos creyeron profundamente que sí podían, entonces, ¿por qué nosotros no creeremos lo mismo?

Tomar la decisión de concretar los sueños, pase lo que pase, cueste lo que cueste, es el primer paso para lograrlos, puesto que no va a existir obstáculo alguno que nos lleve a desistir. Debemos prepararnos para confrontar las tan comunes excusas que nos hacen creer que somos víctimas del mundo y desaceleran nuestro caminar: «que no hay dinero, que no se pueden hacer negocios, que no hay oportunidades, que tengo hijos pequeños, que mi esposo no me deja», la lista es interminable. El camino que yo propongo para eliminar las excusas y convencernos de que podemos lograr lo que nos proponemos es hacer Ho'oponopono y dejar actuar a Dios.

Pon tu mente en pausa, medita. Apenas aparezca el primer obstáculo o el primer sabotaje, detente y

afirma lo que quieres y que puedes hacerlo.

«Tus creencias determinan lo que piensas. Tus pensamientos determinan tus palabras, lo que dices. Tus palabras y pensamientos te llevan a un estado emocional, a tus emociones, llegando a ser positivas o negativas. Tus emociones, lo que sientes, te llevan a tus acciones. Y lo que hagas o no determinará tus resultados».

Laín García Calvo

Lo primero que debemos hacer para cambiar una creencia es reconocerla, saber que la tenemos. Hay muchas razones por las cuales tenemos esta creencia, tema que ya hemos trabajado anteriormente. Hay que saber, entonces, que si hacemos algo que nos limita es porque tenemos una creencia que nos impide seguir adelante.

Lo segundo que debemos hacer con esa creencia es sustituirla por otra que ayude y sea positiva. La creencia más limitante que yo tenía era la de no poder ser capaz, porque me creía una persona desordenada que siempre había dejado todo a medias, y creía que yo no iba a tener la disciplina de escribir un libro. Me detuve y me visualicé, me convencí y me dije: «Yo soy capaz, si otros pudieron, yo puedo», y acá estoy, con un libro en mis manos que yo misma

escribí. Todos los días me programé para lograrlo, no importaba el tiempo que me tomara, ni los «no» que iba a escuchar; yo estaba decidida a que iba a escribir.

El tercer paso es repetirlo hasta el cansancio, cada vez que llegue el «no puedo» o el «soy fracasada», debemos repetirnos que sí podemos, que somos capaces. Debemos procurar no engancharnos y seguir marchando, pues el ego tratará de sabotear todo.

JUICIOS

«Como juzgamos al otro, así mismo nos estamos juzgando a nosotros mismos».

Por ejemplo, una amiga tuya llega siempre tarde a todo. Tú te enojas y dices que ella es superincumplida y que no debería ser así. Analiza, entonces, tu propio manejo del tiempo: ¿nunca has llegado tarde a alguna parte? Sí te ha pasado, ¿cierto? Por eso estás todo el día mal contigo misma, pues con «la vara que mides, serás medido». Tienes unos estándares muy altos y no permites el menor error en nadie; asimismo, no los permites en ti.

Hace algún tiempo he estado practicando el no juzgar, y ha sido buenísimo para mí. Antes, por ejemplo, juzgaba a otra madre porque sus hijos hacían berrinche y lloraban, yo la criticaba y juzgaba sabiendo que mis hijos eran igual o peor. Al mismo tiempo sufría mucho porque sabía que los demás estaban hablando sobre mi situación personal. Los juicios destruyen, hacen que no nos permitamos ser nosotras mismas porque no podemos ser reales por temor a ser juzgados, cuando en realidad somos imperfectas y solo hacemos lo mejor que podemos.

Todos los juicios vienen del ego, y cada vez que juzgamos nos estamos separando de nuestra esencia, de nuestro ser. Si ya sabemos que todos hacemos las cosas según el nivel de consciencia que teníamos en el momento y que hicimos lo mejor que pudimos, entonces no somos quién para juzgar al otro. Si cambiamos esa percepción del mundo, vamos a estar en paz con nosotros mismos, y solo nos preocuparemos por nuestro crecimiento espiritual. Veremos al otro con compasión, igual que deberíamos hacerlo con nosotros mismos.

Por medio del siguiente ejercicio, podrás alejarte del acto de juzgar:

Cuando estés con alguien que siempre juzgas, míralo con amor y pregúntate qué será lo que ha llevado a esta persona a actuar así. O si criticas algo de ella, pregúntate si es porque tú en el fondo quisieras poseer algo relativo a esta persona, y no lo tienes. ¿O será acaso que lo que tanto criticas lo tienes tú y no lo quieres reconocer?

Cuanto menos juzguemos, más armoniosa será nuestra vida, porque será un reflejo de lo que llevamos por dentro, de paz y armonía.

Otro ejercicio que puede funcionar es el siguiente: cada vez que tengas la intención de juzgar, mándale a esa persona bendiciones. Si ya la juzgaste y te sientes mal luego, cámbialo inmediatamente por una bendición, deséale lo mejor. Si está enferma, deséale salud, si no tiene dinero, deséale abundancia, y así sucesivamente.

Capítulo 2

HERRAMIENTAS

Herramientas para dejar la culpa

«Cuando amas lo que eres,
no hay cosa inconquistable ni inalcanzable.
Cuando realmente te amas a ti mismo, vives
solamente en la luz de tu propia risa
y viajas solamente por el camino de la alegría.
Cuando estás enamorado de ti mismo,
entonces, esa luz, esa fuerza unificada, esa felicidad,
esa alegría,
ese jubiloso estado de ser, se extiende a toda la humanidad.
Cuando el amor abunda dentro de tu maravilloso ser,
el mundo, con todos sus desagrados,
se convierte en algo hermoso,
y la vida se llena de sentido y de alegría».

(Ramtha) El libro blanco

el perdón

«Nada real puede ser amenazado
Nada irreal existe
En esto radica la paz de Dios».
Un curso de milagros

Después de estar sumergida en la depresión absoluta, vi la luz a través del libro *Un curso de milagros*. Este curso fue el punto de quiebre de mi vida, fue como si me hubiese bañado con agua cristalina por primera vez, sentí una profunda limpieza de mi alma, me sentí, después de este baño, fresca y lista para enfrentar la realidad. El curso de milagros llegó a mi vida a decirme que a través del perdón a mí misma iba a conseguir tener una vida en paz. Llegó a enseñarme que, a pesar de mi pasado, merecía perdonarme porque nada era mi culpa. Me dejó la lección más impactante de mi existencia: lo único verdadero es el amor.

Hacía como 6 años escuché por primera vez acerca de este libro, y lo compré. No pude pasar de la primera página, no entendía nada, y cada vez que me obligaba a leer, me quedaba dormida, así que lo dejé de leer. No obstante, siempre me pareció muy interesante y algo dentro de mí decía que luego, cuando tuviera más conciencia, lo iba a retomar.

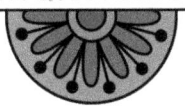

Se dice que un milagro es un cambio de percepción, una manera de ver la vida diferente, y eso era lo que yo necesitaba. Había otra manera de vivir, y es a través del amor y no del miedo. Un día, buscando en YouTube, encontré un video que se *llamaba Introducción A Un Curso De Milagros* por Marta Salvar. Le di *click* sin pensarlo dos veces y, al verlo, sentí algo tan profundo y tan grande que tomé todo el curso. El curso de milagros, más que una religión, es un camino espiritual diferente.

El curso me mostró que vivimos en un mundo dual amor-miedo. Esto, aunque interesante, no fue más impactante que el mensaje general del curso. Es posible vivir en una zona de paz donde no experimentemos altibajos emocionales, como si estuviéramos montados eternamente en una montaña rusa. Toda esto se logra a través del perdón. El perdón es la llave para ser felices y liberarnos de la culpa que nos detiene todo el tiempo. Este perdón es un proceso introspectivo profundo y complejo que tiene que ver con perdonarnos a nosotros mismos por todo el daño que nos hemos hecho. Un daño cuya raíz reside en el culparnos por haber hecho algo que a nuestros ojos estuvo mal, pero que no lo pudimos haber hecho de otra manera debido al nivel de consciencia que teníamos. En el momento en que escuché la meditación de perdón, cerré mis ojos y, con mucha tristeza

en mi corazón, dije: «Me perdono porque no lo he sabido hacer mejor», mi corazón comenzó a latir muy fuerte.

Nunca nadie me había dicho que existía la manera del autoperdón; llevaba 30 años de mi vida culpándome y arrepintiéndome por el mínimo detalle. Nunca me había visto con los ojos de la compasión y siempre había mirado hacia afuera. Yo no era un monstruo que Dios iba a castigar y quemar en llamas y que, por el contrario, ese Dios quería lo mejor para mí y me daba la opción de amarme otra vez, de volver a mi esencia. Al perdonarme, estaba en comunión con él, porque somos uno, y Dios es amor.

Todos somos seres de amor y vivimos en un sueño donde nuestra realidad no es real y por eso podemos cambiar siempre que queramos. Somos un alma que vino a la tierra a experimentar físicamente la vida con un traje que es nuestro cuerpo; podríamos compararlo con un traje de buzo que nos ayuda a estar temporalmente bajo el mar en un ambiente extraño, pero si subimos a la superficie ya no lo necesitamos más. Nos identificamos tanto con él que se nos olvida nuestra esencia, que es solo el amor.

Al escoger este traje también decidimos qué papel y en qué película vamos a actuar. Nuestra pelí-

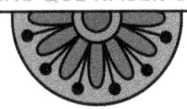

cula se compone de dramas, romances, relaciones tóxicas, sufrimientos y de todas las posibles situaciones de la vida. Pero, al final, es solo una película y no es la realidad. Podemos ir por la vida dormidos, dejando pasar las cosas y dejando al sufrimiento ser parte de nosotros. Podemos caminar el camino de la vida sin cuestionar nada, simplemente acumulando creencias, pensamientos negativos y culpa, sin preguntarnos: ¿para qué estoy viviendo esto? ¿Qué me está mostrando la vida? ¿Amor o miedo?

Según UCDM (*Un Curso de Milagros*), lo único real es el amor, y si no lo estamos viviendo, no es real. Todo el tiempo nos olvidamos de nosotros por esconder tanto tiempo las heridas y por las «relaciones especiales» que son las que más nos marcan porque nos hacen sufrir. *Un Curso de Milagros* nos ayuda a cambiar el chip y ver todo desde otro punto de vista.

«Escucha, pues, la única respuesta del Espíritu Santo a todas las preguntas que el Ego plantea: eres una criatura de Dios, una parte de su reino de inestimable valor que Él creó como parte de sí mismo. Eso es lo único que existe y lo único que es real. Has elegido un sueño en el que has tenido pesadillas, pero el sueño no es real y Dios te exhorta a despertar». UCDM, T-6.IV.6.1-3

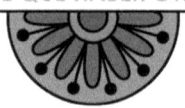

En el momento en que hice el curso, tenía unas relaciones especiales que sanar para liberarme y comencé con cada una de ellas. La primera relación especial que tuve que sanar era conmigo misma. Aún sigo en ese proceso y me ha ayudado muchísimo pedirle al Espíritu Santo, quien es el mensajero de Dios y toma nuestros problemas, los transforma y nos envía la percepción correcta para solucionarlos, que me lleve de su mano. Esta percepción se refiere a nuestra manera de percibir las cosas, por eso el Espíritu Santo (ES) cambia esto y te da un nuevo significado para darte paz.

Amarme era el camino, pero ¿cómo lo lograría? Perdonando cada cosa por la cual me martillaba, así fuera la más simple o con importancia para mí, desde «me perdono por sentirme mala madre» hasta «me perdono por ser egoísta, por no levantarme temprano y no hacer nada en todo el día».

Repetir frases lindas y positivas es otra buena manera de lograr el amor propio. Aunque llevé a cabo esta estrategia, nunca me resultó porque en el fondo me sentía una mala persona, no me había perdonado a mí misma, a mi sombra, por mis errores y mis defectos que trataba de esconder buscando la perfección. La única manera de cambiar algo es cuando aceptamos la realidad tal cual es y luego ahí sí podemos seguir adelante.

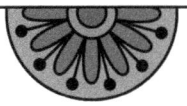

aceptar vs. resignarse

«La resignación deja en tu mente una frustración constante y en el alma un vacío desolador. Es el refugio de la inconsciencia en la que la mente se cansa de luchar inútilmente para acomodar la vida a sus deseos. Cuando dejas de quejarte y de forcejear, puedes serenarte y recuperar tu vida, tu energía vital. La sabiduría es comprender esta gran verdad. Tener paz interior es más importante que luchar. Llega la luz cuando te das cuenta de que el camino es más importante para liberarte del sufrimiento, no está afuera de ti. No sigas las batallas estériles en la pretensión de cambiar la realidad, más bien elige cambiar tu reacción y tu modo de ver la vida.

Entonces trasciendes la limitación de la resignación y puedes entrar en el camino de la ACEPTACIÓN. La aceptación es la ciencia que libera del sufrimiento y regala a la mente la paz y la redención total, te da la felicidad que parece esquiva. La inconsciencia es pretender que la realidad se adapte a tus deseos egocéntricos, la conciencia es practicar la aceptación amorosa.

VIVIR SIN CULPA ¡TIENE QUE HABER OTRA MANERA DE VIVIR!

Para lograrlo, trabaja sobre tu mente y sé plenamente consciente de ti mismo en el aquí y el ahora. Elige vivir en paz y armonía con los demás tal como son y con los hechos, por más detestables que te parezcan. Recuerda que no hay personas buenas ni malas, solo espíritus conscientes o inconscientes. Ámalos y alcanza una paz perfecta, tu felicidad depende de no seguir el ego, comprender las leyes que rigen la existencia y asumir calmado lo que no depende de ti.

ACEPTA».

Sharon M. Koening, *Los ciclos del alma*.

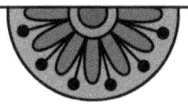

Libérate de las cargas

Despójate del peso que llevas. No necesitas más dinero o una casa más grande, no requieres vivir en otro lugar, hacer más amigos o ser más bonita… Necesitas respirar, tomar un momento y analizar qué bendiciones tienes en tu vida hoy. No esperes a que tu vida pase sin que le des un significado.

Vive el presente, momento a momento, día a día, y si no estás feliz con lo que tienes, pídele a Dios que te muestre el camino, hazte a un lado y deja que Él actúe. Piensa como si ya tuvieras lo que deseas, pero no te obsesiones, vive intensamente y haz lo que tengas que hacer para ser feliz, así esto signifique dejar amistades, personas o lugares, pues tu verdadera esencia nadie te la puede quitar.

Deja que tu propia luz brille haciendo lo que amas porque, al dejar nuestros sueños, dejamos de existir. La única manera de lograrlo es venciendo los miedos, porque esa es la única diferencia entre una persona que consigue lo que quiere y otra que no. Los primeros superaron sus miedos y dejaron las excusas para actuar y ser coherentes con su pensamiento, palabra y obra.

Y, por último, sé compasivo contigo mismo, mímate y disfruta de tu compañía. Eres tú el protagonista de tu vida y decides en qué película quieres actuar.

HO'OPONOPONO

«El único propósito de nuestra existencia es restaurar nuestro estado original de corazón puro liberándonos de las memorias que repiten los problemas de nuestro pasado en nuestra mente inconsciente. "Ama a tus enemigos", dijo un gran sabio hace más de dos mil años. Nuestros enemigos son nuestras memorias que repiten el temor, la ira, el resentimiento, el odio, los apegos y los juicios de nuestro pasado. Podemos aceptar el 100 % de responsabilidad por su creación aplicando los simples y antiguos procesos de resolución de problemas de Ho'oponopono, tales como Te amo y Gracias».

Dr. Ihaleakala Hew Len para el libro de Mabel Katz,
El camino más fácil para vivir.

En la primera sesión que tuve con mi tutora del certificado en *coaching* transpersonal, hablamos de todo lo que yo quería cambiar y de mis heridas. Me dijo que me daba un reto de 30 días con Ho'oponopono para limpiar todas esas memorias inconscientes que tenía y comenzar a ver la vida de otra manera, como cuando el jardinero corta la maleza para permitir el crecimiento de frutos nuevos y sanos.

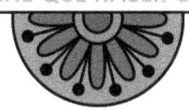

El Ho'oponopono ya lo conocía, pues había hecho un curso intensivo acerca de este, pero nunca lo interioricé como ahora y no había sido constante al practicarlo. Cuando lo volví a practicar fue como si hubiera sido la primera vez en mi vida, estaba descubriendo otro mundo que comenzaba a tener un sentido muy diferente y los milagros comenzaron a llegar. El reto consistía en repetir 4000 veces al día las palabras «Lo siento», «Perdóname», «Te amo» y «Gracias». Compré un contador y comencé a practicar todo el día, a donde fuera decía las palabras... No tenía que pensar en nada, solo consistía en repetir y repetir.

Pero, ¿qué significaba esta técnica hawaiana de limpieza que me había comenzado a cambiar la vida? Ho'oponopono es un arte hawaiano muy antiguo de resolución de problemas. Ho'oponopono significa «enmendar» o «corregir un error». El Ho'oponopono nos viene a ayudar a limpiar todas las memorias mayormente inconscientes a través de la repetición de las palabras mencionadas en el anterior párrafo.

- **Lo siento**: Reconoces que algo que llevas en tus memorias trajo esa situación o esa persona a tu vida.

- **Perdóname:** Eres responsable no culpable por

lo que está sucediendo.
- **Te amo:** esta es la palabra mágica para crear milagros, todo se basa en el amor.

- **Gracias:** ten fe en que llegará lo correcto y perfecto para tu vida.

Cada enfermedad, problema o situación nos está mostrando un mensaje del inconsciente para que tomemos consciencia y lo trabajemos. Por lo tanto, el inconsciente es atemporal, no distingue entre pasado y futuro, vive en el presente. Por esta razón, experiencias pasadas son sentidas y vividas por nuestro inconsciente como si pasaran justo ahora, en el presente. Por ejemplo, en la infancia vivimos un trauma que nos causó mucho dolor, pasan los años y no volvemos a sentir nada, es como si nada hubiera pasado. Luego, repentinamente, atravesamos por una experiencia similar y sentimos exactamente lo mismo que cuando nos sucedió ese episodio cuando éramos niños. Por lo tanto, este trauma sigue presente y activo.

Para protegernos, usamos la estrategia de bloquear la situación guardándola en nuestro inconsciente y por eso es que cualquier factor que represente una similitud con el caso origen nos hace vivir lo mismo una y otra vez.

Somos responsables de todo lo que nos pasa, por lo tanto, al repetir este mantra podemos borrar la «basura» inconsciente para ser felices y vivir una vida en paz. Ho'oponopono nos ayuda a resolver problemas en todas las áreas de nuestra vida como: pareja, trabajo, salud, relaciones en general, etc.

Muchas personas creen que este tipo de ejercicios no funcionan. Y ese es precisamente el paso con el que no se puede comenzar, pues si no hay profunda fe en el proceso, no habrá resultados. Tómame a mí como ejemplo y dale una oportunidad. No perderás nada, practícalo y verás los resultados. Debes ser constante, pues día a día llenamos más y más nuestro inconsciente y hay que limpiarlo. Es como si nosotros fuéramos un computador y el Ho'oponopono fuera la tecla *delete* que borra todas las memorias que tiene. Si no borramos todos los archivos inservibles del computador, este colapsará. Así mismo funcionamos nosotros, y por ello es tan importante la constancia y la fe.

Pasos para hacer Ho'oponopono:

1. Toma el 100 % de responsabilidad de tu vida

Nuestro mundo interior refleja nuestro mundo exterior.

Si quieres cambiar algo de tu realidad, tienes que cambiar tú. Cuando cambias por dentro, tu realidad cambia. Todo lo que ves es un conjunto de tu inconsciente, tus creencias y memorias de tus ancestros, que tú no sabes que tienes. Al repetir las palabras «Lo siento», «Perdóname», «Te amo» y «Gracias», estás diciendo al universo que eres responsable de todo lo que pasa en tu vida y al mismo tiempo que tienes todo el poder para cambiar tu realidad.

2. Aceptación

La aceptación no es resignación, es simplemente reconocer un sentimiento sin juzgar, pues por no aceptar nuestra realidad, sufrimos. En cambio, si aceptamos que nosotros tenemos la responsabilidad de todo lo que nos sucede en nuestra vida, también tenemos el poder de cambiarla. Esto también se llama darle luz a nuestra sombra, porque lo malo también es parte de nosotros.

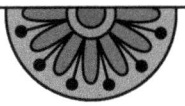

3. Mira lo malo como una oportunidad

Todo lo que vemos como negativo siempre viene acompañado de un aprendizaje. Muchas elecciones ya las has hecho antes de venir al mundo. Escoges en qué película vas a actuar, así como los personajes que van a participar. El Ho'oponopono te ayuda a que veas esos aprendizajes y a esos mensajeros (las personas con las que tienes conflicto) desde una zona de paz, porque la solución viene en camino, de pronto no es como tú la esperas, pero te aseguro que siempre es para tu crecimiento y bienestar.

En mi caso yo tenía una empresa y quebró. Debíamos mucho dinero en dólares, me sentía superdesilusionada y mal conmigo misma, sentía que era un fracaso total. En ese momento a mi esposo lo trasladaron de país por cuestiones de trabajo, por lo cual, pudimos saldar la deuda y comenzar una nueva aventura que me llevó a encontrar mi propósito; aquí estoy escribiendo y dedicándome al crecimiento espiritual. ¡Si no hubiera pasado por eso, nunca hubiera encontrado este camino!

4. Observa lo exterior y cambia el interior

Las personas que te rodean y te desagradan te están mostrando aspectos de ti mismo que no te gustan

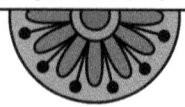

y no reconoces que tienes. Toda persona y situación en tu vida es un reflejo de algo que tenemos dentro. El otro es tu espejo, y lo que no te gusta de esa persona, está sin resolver en ti. Dos personas incompatibles son dos maestros mutuos, cada uno tiene pendiente aceptar lo que el otro refleja.

¿Qué necesito saber de mí, a través de ti, que aún no sé? ¿Qué te están mostrando que debes trabajar en ti? Son preguntas que deberías intentar responder si te encuentras en una situación de conflicto.

5. Desapégate de los resultados

Todo lo puedes lograr, piénsalo, pero desapégate de ello. Si tu felicidad depende de conseguir ese objetivo, si tienes necesidad, esa es la vibración que emites, de carencia, y por eso no te llega nada. Ten metas y objetivos, sueña, pero desapégate del resultado final porque no sabes si eso que tanto quieres no sea lo mejor para ti o, por el contrario, algo que viene con apariencia de negativo viene con un regalo mejor.

Vuelvo a ponerme de ejemplo porque creo que es lo mejor para explicar este punto. Cuando llegué a Estados Unidos, tenía muchas ilusiones porque siempre me ha gustado trabajar y ganar mi propio dinero. Traté de emprender muchos proyectos para ganar

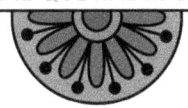

dinero y se me había vuelto una obsesión; pero nada me funcionaba. Una vez dejé de preocuparme por esto y me hice a un lado. Le permití a la divinidad (para mí, Dios) que me mostrara el camino y mi propósito, todo comenzó a fluir, y sin buscarlo con necesidad, ha ido llegando a mi vida todo lo que siempre deseé.

6. Agradece

El agradecimiento es la base de la abundancia en tu vida. Si eres agradecido, todo lo bueno de la vida llega a ti. Al concentrarte en agradecer, cambias tu enfoque y comienzas a ver lo bueno de tu vida, al cambiar la vibración, emites toda esa energía que se devolverá en más cosas para agradecer. La gratitud combate el desaliento y la tristeza.

Analiza algo por lo que estés muy agradecido, concéntrate en ese sentimiento y vívelo por unos segundos, deja que invada tu cuerpo y respira profundo tres veces. Sigue haciéndolo con cinco cosas por las que estás agradecido.
Enfócate en una de ellas hoy, y mira si tu día cambia o no. ¡Cuéntame tu experiencia!

Correo electrónico: info@paulaocampocoach.com

«"Lo siento", "perdóname", "te amo", "gracias". Cuando dices "gracias", le estás dando permiso a Dios para que borre todo aquello que estás listo para soltar».

Mabel Katz

***

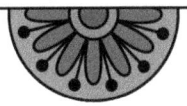

Sana a tu niño interior

«Abraza...
Abraza la soberbia que hay en ti, porque detrás hay una niña no querida...
Abraza la exigencia que hay en ti,
porque detrás de ella hay una niña que no ha sentido el amor.
Abraza a la "agradadora eterna" que hay en ti,
porque detrás de ella hay una niña rechazada.
Abraza la ira y el enojo que hay en ti,
porque detrás de ello hay una niña abandonada.
Abraza a la solitaria que hay en ti porque detrás de ella hay una niña excluida y discriminada...
Abraza el desgano, la apatía, la falta de sentido porque detrás de todo esto, está tu niña padeciendo ser quien no es.
Abraza el dolor que hay en ti, porque detrás de él hay una niña lastimada...
Las niñas que habitan dentro de nosotras están empezando a manifestarse...
Y esta vez no pararán hasta ser escuchadas. No las silencies más.
Aprender a integrarlo, a comprenderlo, a abrazarlo, a liberarlo, a devolverlo a la vida... Esta es la tarea de hoy.
Te aseguro que es el camino para que tu divinidad baje a la Tierra».

Clarissa Pinkola

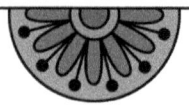

¿Has notado que a veces te sientes como una niña chiquita ante alguna situación y no sabes por qué? Por ejemplo, cuando una amiga tuya tiene otra buena amiga y te dan celos como cuando eras una niña. O cuando tu jefe te grita y es autoritario y tú no sabes por qué, no puedes contestar o reaccionar. O si sentiste que alguna vez tus papás te abandonaron por algo y ahora sientes ese mismo temor cuando terminas una relación.

Cada situación no resuelta, no sanada y no amada de nuestra infancia es una parte herida de nosotros, que se muestra en nuestro presente para recordarnos este dolor reprimido. Así ya seamos adultos, llevamos el sufrimiento de un niño interior que sigue sintiéndose vulnerable por lo ocurrido; en muchas ocasiones este niño habla, así tengamos otro tipo de madurez de consciencia.

Por ejemplo, en mi caso yo me di cuenta que yo le tenía pánico a las confrontaciones. Si pensaba que iba a tener un problema con alguien, o que era la causante de la discusión, para mí yo era «la culpable» y, como consecuencia, esa persona me iba a dejar de hablar y yo sería la mala persona. No aguantaba, me hundía en una depresión gigante porque no era capaz de hablar con esa persona y salían a luz todos esos miedos y creencias de la niñez donde mi

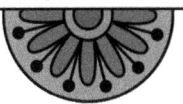

papá desconectaba el teléfono para no hablar con gente a la que le debía dinero, o con las que tenía un asunto pendiente, y se les escondía. Además de todo le dejaba de hablar a su familia o amigos por algún motivo relacionado con su propio miedo a ser descalificado. Esa niña de 8 años me decía que me escondiera, que me iban a dejar de hablar y que era mala y culpable.

TRABAJANDO LA NIÑA INTERIOR

El primer paso para sanar tu niña interior es ser consciente e identificar esas situaciones donde sale esa niña herida. Luego déjala salir, escribe lo que sientes, busca el dolor bien adentro de ti, permite que la tristeza y la rabia hablen. Puede que te salgan palabras o acciones típicas de una niña; es ahí donde estas conectando realmente con ella. ¡Permítete sentir!

Actúa como si tuvieras a una niña frente a ti. Luego háblale a tu niña interior, explícale que está bien sentir miedo y deja que te cuente todo lo que siente. Tú como adulta ya tienes una madurez y lo puedes confortar diciendo que estás ahí, para abrazarla, para darle ánimos y para decirle que todos cometemos errores porque somos humanos, que no tenemos que ser perfectos o demostrarle nada a nadie. Dile que cada vez que esté así puede contar contigo y, si necesita un abrazo, tú estarás con ella siempre.

Capítulo 3

Tu realidad

CAMBIANDO TU REALIDAD

«Dejar ir significa desprendernos del resultado. Cuando nos entregamos a la voluntad de Dios, dejamos ir nuestro apego a cómo a las cosas van a desarrollarse fuera de nosotros
para prestar más atención a cómo las cosas van a desarrollarse en nuestro interior».

Marianne Williamson

¿Cómo es tu realidad?

Si quieres transformar tu vida, tienes que prestar atención a lo que tienes a tu alrededor. ¿Cómo son tus relaciones? ¿Puedes expresarte, te sientes amado y respetado? ¿Puedes decir lo que sientes?

En el trabajo: ¿te gusta lo que haces? ¿Tienes un jefe que te trata bien y tiene en cuenta tus opiniones? ¿Y cómo son tus compañeros? ¿Hay un ambiente de competencia sana y todos se ayudan?

Con tus amigos: ¿les deseas lo mejor y aceptas a las personas tal como son sin juzgarlas?

Si se trata de lo contrario, entonces tu ambiente está lleno de inconformismo, competencia, envidia, falta de respeto y falta de coherencia. Con todo esto puedes tomar consciencia de lo que tienes en tu interior. Tu exterior te muestra lo que tienes escondido en tu inconsciente.

¿Y qué es inconsciente? Lo que no quieres reconocer de ti, lo que es un «pecado mortal», lo que hace que te sientas una persona culpable, lo que no aceptas de ti, lo que hiciste que no te perdonas.

entregar tus sueños a Dios

«Hay dos formas de materializar la vida: la vieja forma, que es crear por medio de tu voluntad, y la otra, que es permitir que la perfecta realidad se revele naturalmente por medio de acceder conscientemente a la voluntad de Dios. Tal como la semilla del árbol no crea, no manipula ni trama, simplemente permite que el perfecto plan se revele, un sueño verdadero permite que el orden que Dios diseñó para ti se materialice».

Sharon M. Koenig

Para mí, Dios es todo, mi guía y la fuente del amor. Me acuerdo que desde muy pequeña hablaba con él, siempre le contaba mis más grandes sueños y mis tristezas dentro de todo lo que pasé y en esas depresiones que tuve. Cuando sentía que iba a desfallecer y que quería morirme, sentía un impulso dentro de mí que me levantaba, era como si alguien me dijera: «¡Ánimo, hay algo mucho mejor que te espera, sigue, sigue!...».

Para algunos, Dios está en el cielo, encima de una nube y está rodeado de ángeles, para otros es el sol, o está distribuido en diferentes seres. Por otro lado,

para los científicos es la energía más poderosa del mundo. Sea como sea, yo creo que vinimos con un plan y que todos somos parte de Dios, y por lo tanto Él quiere lo mejor para cada uno y, por ello, como Él sabe para dónde vamos, debemos confiar y soltar. Si tenemos un sueño no nos debemos preocupar por el cómo se va a cumplir, solo deberíamos tomar la decisión de seguir el camino que Él nos ha trazado y no interferir.

Sin embargo, el ser humano se preocupa constantemente por el «cómo» y por eso fracasamos en tantas cosas, porque ponemos como prioridad a nuestra mente y no nos dejamos influenciar por nuestra alma, la esencia divina, o por Dios. En este camino por encontrar nuestro propósito, recorremos un trayecto largo, con muchas pausas, tropiezos, desvíos, retrasos, imperfecciones y, finalmente, avances en el camino; todo es parte de un plan divino. En el colegio, por ejemplo, debemos aprobar unas materias, unas veces obtenemos nota sobresaliente y otras veces reprobamos y debemos repetirlas varias veces, así mismo pasa en la vida real; debemos labrar el camino para que logremos trascender y cumplir aquello que vinimos a realizar al mundo. Durante este viaje revivimos las mismas lecciones una y otra vez, pero cada vez las vemos de una manera diferente.

En mi caso he hecho miles de cosas en la vida, desde los 5 años vendía cosas en el colegio, también cocinaba, pintaba, hacía joyería, diseñaba ropa, fui niñera, vendedora de ropa, maquilladora, tuve un negocio propio y muchas otras cosas más. Siempre sufrí por hacer muchas cosas y al mismo tiempo no hacer nada, pues como mi mamá y mi familia me decían, no me enfocaba en nada y al menor tropiezo lo dejaba todo. Me di cuenta que era miedo a fracasar y a no ser suficiente, pues los demás siempre eran mejores que yo y no iba a ser buena en lo que quería, por eso no continuaba con cada proyecto que emprendía.

Me decía a mí misma que era una desordenada, perezosa, sin talento y que por ello nunca iba a lograr lo que quería. Imagínate si nos tratamos así de mal a nosotros mismos cómo podremos cumplir nuestros sueños. También muy en el fondo yo quería ser una escritora y conferencista que pudiera ayudar a millones de personas a transformarse. Pero ni siquiera me permitía soñar esto, pues yo creía que no era lo suficientemente buena para serlo. Por ello, creo que el primer paso para encontrar nuestro propósito o seguir nuestros sueños es trabajar en nuestras creencias y en todo lo que pensamos de nosotros mismos. No se trata de un proceso superficial sino profundo, que requiere tiempo, a veces varios años, pero que,

si existen las ganas de arrancar toda la maleza de raíz, esta nunca va a volver a crecer. Además, vamos a poner abono, y ese abono es el perdón, Dios y su guía, palabras positivas, limpiar con Ho'oponopono y creer que podemos lograrlo y visualizarlo.

Al reconocer que hay una fuerza más grande que nosotros y que lo rige todo en el universo, un poder superior que sabe qué nos conviene y está dirigido solamente por el amor, podemos soltar el control sin tratar de resolver la vida como nosotros «pensamos» que debe hacerse, donde lo único que influencia es el ego, que retrasa nuestro plan divino. A veces este plan no es como lo esperamos, pues debemos dejar muchas personas, situaciones conflictivas y creencias limitantes, entonces vemos que hay dolor; sin embargo, se trata de despejar nuestra vida para que Dios actúe.

Por ello, muchas veces, cuando quería algo y lo conseguía (gracias a la ley de la atracción), por ejemplo, un trabajo, un novio o un carro, pensaba que iba a ser muy feliz, pero luego me aporreaba al enfrentarme a la realidad, porque evidentemente no era así. Me obsesionaba tanto con conseguir exactamente lo que quería que no les daba cabida a otras muchas opciones que sí me iban a dar la tranquilidad y la paz que necesitaba mi alma y «pensaba»

que mi felicidad era ese trabajo o esa persona, y al final sufría una fuerte decepción porque no estaba alineada con el plan de Dios y no consideraba más opciones sino las que yo creía convenientes.

Qué tal que ese novio que tanto tú quieres, y que dices es la persona adecuada para ti, en realidad te va hacer sufrir y no te va a tratar con el amor y respeto que te mereces, pero tú solo lo quieres a él. Aquí le estás quitando la oportunidad a Dios para que te envíe a esa persona perfecta para ti. O, en otro caso, ese trabajo que tanto has querido y que solo sueñas en esa empresa, y que, cuando lo consigues, eres infeliz porque no te tratan bien, o no era lo que tanto habías buscado.

En cambio, si le entregas a Dios tus anhelos, pero sin pedir específicamente el cómo sino el sentimiento que quieres obtener, como amor, éxito, tranquilidad, paz, armonía, etc., inmediatamente estarás alineado con su voluntad y con tu plan; los milagros llegarán a tu vida.

Los ángeles, seres de luz

Los ángeles son esos seres que viven en el mundo invisible y que Dios ha enviado a la tierra con el fin de ayudarnos. Todas las religiones tienen ángeles, y cada ser humano tiene su propio ángel guardián. Los ángeles me acercaron a esa Paula que sabía que existía y que confiaba en que había un mundo más allá con seres de luz que nos acompañaron en todo momento, pero que respetan el libre albedrío y solo podrán intervenir cuando no es nuestro tiempo de morir. Aunque de cierta manera los ángeles sí nos cuidan y nos aconsejan con sutileza, pero nosotros no les prestamos mucha atención.

Características de los seres de luz:

- No pueden intervenir en nuestra vida a no ser que se lo pidamos.
- Solo pueden intervenir en caso de muerte que se dé antes de nuestro tiempo.
- No están limitados por tiempo o espacio.
- No tienen religión.

¿Cómo nos podemos comunicar con ellos? Simplemente háblales y pide señales, o que te protejan. Para ello no hay que saberse los nombres de los ar-

cángeles, pues basta con hablarles. Dejo, entonces, esta oración que ayuda mucho a comunicarse con el arcángel Miguel.

Oración al arcángel Miguel para que te proteja y te guíe

(Mientras dices lo siguiente, señala con la mano hacia donde menciones)

«San Miguel me protege: san Miguel adelante, san Miguel atrás, san Miguel arriba, san Miguel abajo, san Miguel a la derecha, san Miguel a la izquierda, por todos lados san Miguel».

- o Solicita la presencia de los maestros, guías espirituales y ángeles
- o Pide a los ángeles que nos guíen desde el amor
- o Respira profundo 3 veces
- o Suéltate, confía (sin hacer «esfuerzo»)
- o Medita algunos minutos
- o Respira profundo 3 veces

Para calmar tu mente durante la meditación, realiza el siguiente ejercicio:

Inhala profundo por la nariz llenando los pulmones de abajo hacia arriba. Una vez llenos, contén la respi-

ración contando hasta el número 7. Después, exhala por la boca, soplando y contando hasta el número 10 lentamente. Se realiza 3 veces.

Pídele al arcángel Miguel que te cuide y acompañe en esta meditación. Imagina una luz blanca de tranquilidad y protección que nace en tu estómago y cubre poco a poco todo tu cuerpo físico y el aura. Visualiza que se estén respirando colores en este orden: rojo, anaranjado, amarillo, verde esmeralda, azul claro, azul oscuro y violeta. Siente que cada célula de su cuerpo se llena de color a medida que lo respiras.

Poco a poco vuelve a sentir tu cuerpo y respira profundamente.

el merecimiento

Cuando algo iba muy bien en mi vida me sentía culpable porque pensaba que luego iba a pasar algo malo y me predestinaba tanto a ello que al final ocurría lo que yo no quería. Pero, ¿por qué pasa esto? Porque no nos sentimos merecedores de la bueno de la vida, pensamos que al tener algo positivo le estamos quitando a otra persona. Otro aspecto que causa que creamos que no nos merecemos la felicidad son nuestras memorias de ancestros, de nuestra educación y de las creencias que hemos desarrollado a lo largo de nuestra vida.

Por esta razón nos aguantamos estar en relaciones que no nos satisfacen, no tenemos el trabajo que deseamos y nos conformamos con una vida que no nos llena; según nosotros, no merecemos la felicidad o nos sentimos en el fondo malas personas. Esto me sucedía todo el tiempo: cuando quería emprender un negocio nuevo (de los tantos que comencé) y cuando todo comenzaba a despegar, inmediatamente me llegaba una sensación de que yo no merecía esto, de que era una farsa y no tenía el derecho de que pudiera salir bien. Todo se resumía en una creencia arraigada sobre mí misma, pues pensaba que si «descubrían» mis imperfecciones, ya nadie iba a creer en mí ni en mis productos.

Era una emoción tan dañina que dejaba a un lado todo lo que estaba haciendo, me dejaba ahogar por un miedo terrible y al final siempre terminaba hecha trizas. Me acuerdo que en un tiempo quise trabajar en un almacén de ropa que me gustaba mucho (la moda es una de mis tantas pasiones), mis amigas siempre me pedían consejos de moda y maquillaje, entonces este trabajo era perfecto para mí. Esta tienda tiene un servicio en línea donde el cliente especifica sus características físicas, gustos, estilo, modo de vida y una asesora le envía tres conjuntos de ropa a su casa; el cliente, entonces, decide qué desea comprar, todo basado en sus gustos y personalidad.

Yo me sentía la mujer más feliz del mundo porque estaba viendo que las ventas estaban incrementándose muchísimo, y casi todo lo que yo enviaba era exitoso para las ventas. Estaba descubriendo lo que de verdad quería hacer en la vida. Pero luego me entró un miedo muy grande y comencé a autosabotearme y a decirme que yo no era nadie para decirle qué ponerse a otra persona. Además, me autorrecordaba constantemente que no sabía bien inglés, y que esto iba a entorpecer mi carrera. De un momento a otro dejé esa seguridad que tenía y las ventas comenzaron a bajar drásticamente, hasta que decidí renunciar.

Si hubiera continuado con mi confianza en alto, disfrutando el presente y si me hubiera expresado palabras motivadoras, estoy segura de que hubiera hecho cosas muy importantes en esa tienda o en mi carrera de *personal stylist*. Sin embargo, ahora entiendo que debía aprender muchas más cosas de mí y que esa no era la carrera que Dios quería para mí. Simplemente, Dios me estaba presentando una prueba más para que me diera cuenta de toda la basura que me estaba creyendo acerca de mí misma, y a raíz de esta experiencia comprendí que yo era la causante o de mi éxito o de mi fracaso.

Me sentía poco merecedora. Mis éxitos los veía chiquiticos y mis fracasos gigantes, no me felicitaba por mis logros, pero sí me daba látigo por las cosas que hacía mal. Tuve que sufrir por mucho tiempo más para darme cuenta de que la única que podía ayudar para salir de ese hueco era yo misma, y nadie lo iba a hacer por mí. Debía aprender que, a pesar de todos los problemas, yo era la dueña de mi vida, y mis circunstancias, por más malas que fueran, no me iban a definir.

Si esa no era la vida que yo quería, entonces debía hacer algo y trabajar en erradicar esas creencias negativas y limitantes, porque no era el mundo exterior el culpable de mi desgracia, eran las cadenas que

yo misma me había puesto que no me dejaban ser la persona que quería ser para perseguir mis sueños.

Muy en el fondo yo sabía el tipo de vida que me merecía. Dios y los ángeles me expresaban de todas las maneras que yo era merecedora de toda la felicidad y la abundancia y que podía manifestarlas en mi vida. Pero debía dejar de hacer afirmaciones negativas todo el tiempo, basadas en pensamientos de escasez como «no puedo», «nunca voy a lograrlo» o «quién soy yo para hacer algo así». En lugar de esto, debía manifestar todo lo que realmente quería en mi vida.

TAREA

- o Haz una lista de lo que verdaderamente quiere tu corazón y revísala a diario con fe y gratitud, busca emociones que conviertan tus deseos realidad.

- o Haz el compromiso espiritual de esperar lo mejor para ti. Este compromiso es la orden al cielo que obrará milagros en tu vida.

- o A medida que vayas recibiendo y que tus sueños se hagan realidad, ve agradeciendo todo, así llegarán mejores cosas, acepta el bien, ¡te mereces todo lo bueno de la vida!

AFIRMACIÓN: Me merezco y espero lo mejor de la vida. Mis estándares son altos.

Hacerla cada vez que te sientas mal, poco merecedor y deprimida.

¿Qué hacer cuando me siento culpable, deprimido y sin esperanza?

Cuando nos sentimos mal, no sabemos qué hacer, solo llegan muchos pensamientos y sensaciones que nos llevan a un lugar oscuro, nuestro cuerpo comienza a secretar mucha adrenalina y sentimos que no nos podemos contener. Aquí te propongo los siguientes pasos para calmarte y no dejar que esos sentimientos te lleven a la depresión.

1. Observa

Respira profundo tres veces y luego pon tu mano en la parte de tu cuerpo donde sientes el dolor, deja que todas las emociones salgan, no trates de ocultar nada ni de justificarte, simplemente deja que salga todo: la culpa, la tristeza, la rabia, el miedo...

2. Aceptación = Responsabilidad 100 %

Tomar responsabilidad de nuestra vida es el más alto grado de consciencia al que podemos llegar, pues si aceptamos las cosas tal y como son, incluida nuestra sombra, nuestros miedos y nuestras debilida-

des, podremos ver la luz y cambiar todo a nuestro alrededor. Si por el contrario continuamos siendo las víctimas de las circunstancias de nuestra vida y culpando a los demás, todo seguirá igual porque cuando no estamos al volante de nuestra vida, los otros tomarán.

«Todo lo que resistes, persiste»
Carl Jung

3. Perdónate

Perdónate a ti porque muy seguramente debes tener culpa por algo y te estás martillando con esos pensamientos todo el tiempo. Al perdonarnos vemos la luz, hacemos un llamado a Dios a través del Espíritu Santo, permitiéndole que ingrese a nuestra vida y transforme esa situación con amor.

¿Cómo perdonarnos? Repite estas palabras:

«Me perdono porque no lo he sabido hacer mejor, me perdono porque me estoy haciendo daño a través de este problema o de esta persona, y me causa mucho dolor (aquí explicas todo lo que sientes). Te entrego a ti, Espíritu Santo, esta situación para que la expíes desde la causa y me envíes la percepción correcta en beneficio de todos. Gracias».

Trata de olvidarte por 3 días de ello. Si vuelve a tu mente, recuerda repetir esta oración siempre que sientas angustia.

(Texto extraído de Un Curso De Milagros).

4. Haz Ho'oponopono

Es muy importante que rompas con los pensamientos de ataque que se te vienen a la mente, pues por ellos es que te sientes tan mal. Al hacer Ho'oponopono, podrás ir cambiando tu vibración y limpiando todas esas creencias que te están limitando al borrar del inconsciente todas las memorias que llevas cargando por mucho tiempo. Recuerda repetir las palabras «Lo siento, Perdóname, Te amo, Gracias» todas las veces que puedas al día.

5. Suelta y ábrete a recibir las señales que Dios te manda

«Si está en tu camino, el cielo te lo traerá
y, si no te lo trae, es que hay algo mejor para ti».
María José Cabanillas

Al soltar y abrir tu mente, estarás más alerta a los mensajes que te lleguen. Cualquier situación en donde necesites una respuesta, la tendrás. Te van a lle-

gar correos, escucharás una canción que te dé una pista, o alguien te va hablar de ello. Tú sentirás que es la respuesta a tus peticiones. Tu trabajo es recibirlos y actuar.

Por ejemplo, no sabes si comprar una casa o alquilarla, entonces le puedes pedir a los ángeles o seres de luz en tu vida que te manden señales para que te digan qué hacer. Luego comienzas a ver letreros en la calle que dicen «Venta de casas» y comerciales en televisión, diciéndote que compres la casa.

¿Cuáles otros mensajes puedes recibir de tus ángeles o seres de luz?

- o *Números repetidos:* En la numerología, cada repetición de números te quiere decir algo, cada vez que te levantas a la misma hora o cada vez que ves el reloj y es la misma hora. Esto te muestra algo y debes averiguar, según la numerología, qué significa.

- o *Mariposas:* Esta ha sido la señal más grande que he recibido con respecto a mi transformación, y por ello son tan importantes en mi vida. Si las que estás viendo son naranjas, quiere decir que estás pasando por un renacimiento en tu vida. Si son azules, te están mostrando que te escondis-

te mucho tiempo y tuviste mucho sufrimiento en el pasado, pero que es hora de volar y mostrar tus colores verdaderos y tu luz para darle al mundo un mensaje de esperanza.

- *Plumas:* Si ves plumas regadas en la calle o te llegan de repente, también es un mensaje de tus ángeles que te dicen que están contigo y que confíes, que todo va a salir bien.

- Algo repetido o que tú sientes que tiene significado también es un mensaje, cierra los ojos y lo primero que te llegue a la mente, ese será.

6. Visualizar y actuar

Sin la acción, no puedes conseguir lo que quieres. Pero es superimportante que visualices lo que quieres y actúes como si ya lo tuvieras, así las acciones van encaminadas a ese sueño tan grande que tienes.

Carta mágica para conseguir tus sueños

Escríbele a Dios, a los ángeles o al universo diciendo, en detalle, todo lo que quieres en tiempo presente, como si ya lo tuvieras.

Recomendación: si quieres cierta cantidad de dinero, escribe que te quieres ganar, por ejemplo, mí-

nimo 6.000 US mensuales: así puedes dejar abierta la posibilidad de que recibas mucho más que ello. Escribe cómo te quieres sentir o, mejor dicho, escribe aquello que tú crees que te hará sentir feliz. Ejemplo: «Quiero tener un trabajo que me haga sentir exitosa y en el que pueda manejar mi tiempo». De esta manera, le permites a Dios que te envíe el trabajo perfecto para ti, el cual puede no ser en la empresa que tú tanto deseas, pero que es ideal para ti.

Al final de la carta, agradece.

7. Desprendimiento del resultado

El apego es el causante principal del sufrimiento. A veces, hacemos mucho esfuerzo para alcanzar nuestras metas, pero no avanzamos a ellas, sino que retrocedemos. En estos casos, solo queda soltarlas y dejar que Dios actúe de la mejor manera, ¡hay que tener plena seguridad de que lo que llegue será lo mejor para nosotros!

flexibilidad, la clave de la vida

Ser flexible es la clave de la felicidad. Cuando somos rígidos, pensando que todo es de una sola manera, sufrimos. Si, por el contrario, fluimos con la vida, siguiendo la voz de nuestro corazón, de los ángeles y de Dios, vamos a vivir plenos, porque nosotros sabemos exactamente qué queremos. Lo que pasa es que tenemos miedo.

Ser flexibles, por ejemplo, cuando somos madres. Existen miles de razones por las cuales nos sentimos pésimas mamás, pero no hay una forma perfecta de serlo, es mejor que reconozcamos nuestras debilidades y seamos honestas. Hay días en que no queremos ver a nuestros hijos, en que no nos queremos levantar de la cama, en que queremos estar solas y tener un tiempo para nosotras. Pero al sentirnos culpables de sentir esto, lo único que vamos a lograr es sentirnos peor.

Otro ejemplo. Si quedamos en asistir a una cita y no la cumplimos, no se va a acabar el mundo. Mejor preguntémonos qué es lo que realmente queremos. Cumplir y cumplir compromisos para que digan que somos las mejores amigas, mejores madres, hijas o esposas por quedar bien con la gente, o simplemente

ser nosotras, nuestra mejor versión con defectos y con muchas virtudes. Para qué nos machacamos todo el día pensando que no tenemos el cuerpo que siempre nos venden en los medios, o por qué no pudimos amamantar a nuestros bebés por un año sabiendo que ahora está de moda que solo la leche materna es la mejor. Lo que quiero decir es que siempre hay «estándares sociales» que creemos que debemos cumplir, y si no estamos ahí, nos sentimos como bichos raros o malas personas.

Buscamos la aceptación por encima de nuestros propios principios y hacemos las cosas por «obligación», no por amor. Mira tu círculo de amistades y verás de lo que hablo. ¿Puedes ser realmente como eres con ellos? ¿Puedes contarles de tus sueños más profundos? ¿Les puedes decir que sueñas con ser artista, o chef, o profesora de yoga? O, por el contrario, ¿tienes que esconder tu esencia para encajar?

Si nos ponemos a analizar más profundamente, estas no son las personas con las que deberíamos estar, no quiero decir que sean malas ni mucho menos, pueden ser maravillosas, pero tú debes interactuar con personas que vibren en tu frecuencia, que te apoyen y te den ánimo, con las que puedas ser tú mismo. ¡Que nadie te quite ese derecho! Y no te lo quites tú.

Dejar de pretender ser lo que no eres y estar abierto a que pasen cosas que no esperas es un gran comienzo. La incomodidad quiere decir que no te sientes bien donde estás, que no estás siendo tu mejor versión y que no estás con las personas que deberías estar. O a veces no son ellos sino tú mismo el que debe hacer un cambio radical. ¡Las grandes crisis llevan a grandes cambios!

Solo hay que ver las circunstancias presentes con otros ojos: ¿qué me están queriendo decir los problemas en mi vida? ¿Qué debo trabajar en mí misma para ser feliz?

Cuando me amé de verdad

«Cuando me amé de verdad
comprendí que, en cualquier circunstancia,
yo estaba en el lugar correcto, en la hora correcta
y en el momento exacto, y entonces pude
relajarme.
Hoy sé que eso tiene un nombre: autoestima.

Cuando me amé de verdad
pude percibir que mi angustia
y mi sufrimiento emocional no son sino una señal
de que voy contra mis propias verdades.
Hoy sé que eso es autenticidad.

Cuando me amé de verdad,
dejé de desear que mi vida fuera diferente
y comencé a aceptar todo lo que acontece
y que contribuye a mi crecimiento.
Hoy eso se llama madurez.

Cuando me amé de verdad,
comencé a percibir que es ofensivo tratar de forzar
alguna situación, o persona,
solo para realizar aquello que deseo, aun sabiendo
que no es el momento,
o la persona no está preparada, inclusive yo mismo.
Hoy sé que el nombre de eso es respeto.

Cuando me amé de verdad,
comencé a librarme de todo lo que no fuese saludable:
personas, situaciones y cualquier cosa
que me empujara hacia abajo.
De inicio, mi razón llamó a esa actitud egoísmo.
Hoy se llama amor propio.

Cuando me amé de verdad,
dejé de temer al tiempo libre
y desistí de hacer grandes planes,
abandoné los megaproyectos de futuro.
Hoy hago lo que encuentro correcto, lo que me gusta,
cuando quiero y a mi propio ritmo.
Hoy sé que eso es simplicidad y sencillez.

Cuando me amé de verdad,
desistí de querer tener siempre la razón,
y así erré menos veces.
Hoy descubrí que eso es humildad.

Cuando me amé de verdad,
desistí de quedarme reviviendo el pasado,
y preocupándome por el futuro.
Ahora me mantengo en el presente,
que es donde la vida acontece. Hoy vivo un día a la vez.
Y eso se llama plenitud.

VIVIR SIN CULPA ¡TIENE QUE HABER OTRA MANERA DE VIVIR!

Cuando me amé de verdad,
percibí que mi mente puede atormentarme y decepcionarme.
Pero cuando la coloco al servicio de mi corazón,
ella tiene una gran y valioso aliado.
Todo eso es saber vivir.

No debemos tener miedo de cuestionarnos,
de hecho, hasta los planetas chocan,
y del caos suelen nacer la mayoría de las estrellas».

Charles Chaplin

TU PROPÓSITO:
¿A QUÉ VINISTE AL MUNDO?

«Nuestro miedo más profundo no es no ser capaces.

Nuestro miedo más profundo es que somos enormemente poderosos.

Es nuestra luz, no nuestra oscuridad lo que más nos asusta.

Nos preguntamos: ¿quién soy yo para ser brillante, atractivo, talentoso, fabuloso?

De hecho, ¿quién no eres para no serlo? Eres un niño de Dios.

El disminuirse no le sirve al mundo.

No hay nada de sabiduría en encogerse para que otros no se sientan inseguros cerca de uno.

Estamos predestinados a brillar, como los niños lo hacen.

Nacimos para manifestar la gloria de Dios, que está dentro nuestro.

No está solo en algunos de nosotros, está en cada uno.

Y cuando dejamos que nuestra luz brille, inconscientemente permitimos que otros hagan lo mismo.

Al liberarnos de nuestros propios miedos, nuestra presencia automáticamente libera a otros».

Marianne Williamson

Ley del Dharma

Desde niña, sabía que yo venía a hacer algo muy importante al mundo, pero no sabía qué era. Siempre me imaginaba hablando ante mucha gente y que ellos me contaban sobre su vida real, no el personaje que interpretaban en el mundo. Una de las cosas que recuerdo era que escribía muy bien en el colegio y que siempre me he comunicado mejor a través de la escritura que de las palabras. Cuando escribo algo y lo leo, me sorprendo de cómo dije exactamente lo que sentía y no hubiera podido decirlo mejor al hablar.

Hace seis años comencé a escribir un libro de mi vida que dejé porque mis miedos fueron más fuertes y no me dejaban ni siquiera pensar en la posibilidad de escribir un libro. ¿Quién era yo para decirle a las personas qué hacer si mi vida era un completo caos y no había resuelto los asuntos más importantes?

Seguía a los grandes gurús del crecimiento personal y espiritual. Me suscribí a todos los canales de YouTube, leí todos sus libros y hasta hice los cursos que ofrecían. Al mismo tiempo, yo me preguntaba: ¿para qué vine al mundo? Reflexionaba para descubrir cuáles eran mis dones, pero ni siquiera me permitía desear ser como ellos (los grandes gurús). Porque

esas personas tenían que tener algo superespecial que yo no tenía, seguro su camino fue sencillo y simple y eran los elegidos para hacer lo que amaban. Sin embargo, un día, después de muchos años, me dije: ¿y por qué yo no puedo ser como ellos? Cada uno tiene su sello y su mensaje, ¿y si yo tengo algo que pueda aportar? ¡Cómo me hubiera encantado poder hablar con uno de ellos! Yo les escribía y buscaba videos y entrevistas para descubrir cómo habían llegado a donde estaban, cómo había sido ese salto a sus éxitos.

No me había dado cuenta de que cada uno tuvo su proceso personal y cada uno siguió la voz de su corazón. Tuvieron miedos, pero no se dejaron apabullar por ellos y siguieron; por más obstáculos que encontraron en su camino, perseveraron. Había algo más poderoso que ellos que los guiaba y se dedicaban a seguir esa voz, intuición o misión de vida que habían venido a cumplir. Entonces comprendí que yo debía también seguir mi voz interior y dejar de pedir aprobación por parte de los demás acerca de lo que yo hacía; debía dejar de esperar a que alguien un día me dijera que yo «era muy especial y que venía a cambiar el mundo». Ese era mi ego, que quería tener reconocimiento y aprobación, no mi alma, que ya desde muy chiquita me confirmaba una y otra vez lo que nunca, nunca quise seguir.

Por lo descrito anteriormente, tuve tantas depresiones, tantas enfermedades y pasé tantas noches en vela, pidiendo a Dios que me ayudara, pero nunca lo conseguía, pues nadie me iba a enviar el éxito del cielo. Yo tenía que lograrlo, pero tenía que ponerme en acción, y no limitarme a soñar, a esperar señales para que todo se hiciera por arte de magia. Yo tenía que ejecutar ese plan de alma, pero no sabía por dónde comenzar.

La mayoría del tiempo estamos buscando afuera de nosotros, como si lo que quisiéramos hacer en nuestra vida fuera supercomplicado. No nos damos cuenta de que lo tenemos tan arraigado que ese es nuestro talento, está inmerso en nosotros y ahí es donde nos tenemos que enfocar. Comencemos por dejarnos dirigir por la intuición, no por la razón. Sigamos nuestros impulsos, pensemos: cuando vamos a hacer un viaje, ¿qué sentimos en nuestro cuerpo? ¿Contracción, aburrimiento, algo no está bien en nosotros, quizás es miedo? O si, por el contrario, nos hablan de ese viaje y sentimos bienestar, expansión, certeza e intriga, pero tenemos la seguridad de que todo va a salir bien. Nuestra intuición nos quiere hablar a través de esos sentimientos.

Para mí, los ángeles y el Espíritu Santo son mis guías y siempre les pido a ellos que me envíen señales para

confirmar mis presentimientos. Entonces, si siento incertidumbre al escribir este libro, les pido que me envíen señales y ellos inmediatamente me escuchan. Entonces, al otro día me llegan, correos acerca de «cómo escribir tu libro en 60 días» o, por ejemplo, empiezo a ver espejos muy de seguido, entonces sé que debo ponerle más énfasis a ese tema en el libro.

Más allá de mí misma y mis creencias limitantes, creo que sí hay un ser superior que nos cuida y está con nosotros. No concibo mi vida pensando que soy solo yo y que todo depende de mí. Si no creyera en nada, mi vida no tendría sentido y compruebo cada día que ellos me escuchan y están conmigo, no me dejan caer, y si caigo me sostenían la mano con ternura y compasión.

Hay muchas dudas que aparecen en el camino de encontrar nuestro propósito, lo sé, yo llevo toda una vida tratando de lograrlo, pero hasta que no resolviera mis asuntos más profundos no iba a poder creerme capaz de hacer todo esto. Para ello, es muy importante estar con nosotros mismos haciendo algo que nos dé paz, como ir a caminar a un bosque, o ir a tomarse un café, leer un libro que te inspire, cocinar, correr, ir al campo o a la playa. Cada quién sabe qué actividades le permiten sentirse en paz y lo inspiran. Aprovecha y llévate un cuaderno y escribe

tus pensamientos más profundos, qué te gustaría de la vida y todo lo que quieras expresar. Allí estás en armonía con tu alma y los mensajes pueden llegar a ti de una forma directa, sin que tu mente interfiera.

Mantenerse motivado es difícil, pues tenemos días buenos y malos. El ego sale a relucir en cada momento, pues nos dice que no podemos y que nunca lo lograremos, nos hace compararnos con los demás porque ellos son más talentosos, más atractivos, más inteligentes y nos terminamos saboteando. Dejamos de pensar en eso que tanto anhelamos y lo cedemos a los demás porque nos sentimos tan poca cosa que desistimos; ahí volvemos a caer en el círculo vicioso de la depresión.

«Si puedes soñarlo,
puedes hacerlo».

Walt Disney

afirmaciones diarias

Repítelas cada vez que estés deprimido, triste y sin ilusión, ¡a mí me han ayudado muchísimo!

Para afrontar miedos y sanar

Comparto mis miedos y preocupaciones
con las personas que confío y amo.
No hay nada que temer, solo hay amor.
Todo se resolverá muy pronto.
Estoy seguro, soy muy amado por Dios y por la vida.
Enfrento mis miedos y siento que se disuelven en un mar de amor,
fertilidad, creatividad, bendiciones.

Soy la maestra de mi propio destino.
Todo lo que realmente deseo, lo creo.
Todo lo que creo, lo hago con amor.
Estoy muy bendecida y agradecida con Dios y la vida
por toda la abundancia que tengo.

Emociones reprimidas, sanación, reflexión

Doy gracias por la sanación
que estoy teniendo en mi vida.
Expreso todo honesta y amorosamente,
sin miedo ni represión.
Estoy segura, soy muy amada.
Soy una con Dios y los ángeles.

Para tener armonía, autoconfianza y productividad

Utilizo mi tiempo en cumplir mis sueños.
Creo armonía en mi vida a través del amor y la aceptación.
Cumplo mis metas fácilmente.

Miedos

Entrego mis miedos y preocupaciones a Dios y los ángeles.
Todo es revelado en el momento perfecto.
Todo está bien en mi vida.
Escojo confianza en vez de duda.
En soledad, me vuelvo más fuerte.
Mi mente está clara.

Mi corazón está abierto a recibir amor.
Siempre estoy en el camino correcto.

Autocuidado

Me tomo un tiempo al día para relajarme.
Hago un espacio al día para alimentar mi espíritu.
Yo encuentro paz dentro de mí.
Soy luz, soy amor.
Abundancia.
Doy gracias por todo el éxito que llega a mi vida.
Todo lo que hago es cocrear mi realidad.
Me enfoco en cumplir mis sueños.
Lo que imagino, lo creo en la realidad.
Estoy agradecida por todo lo que he logrado.

Gracias, Gracias, Gracias

Te agradezco inmensamente por haber llegado hasta acá. Mi objetivo con el libro es brindarte un panorama amplio de algunas técnicas que me han ayudado a mí, aunque considero que cada uno de nosotros tiene su propio camino de autoconocimiento. A mí personalmente no me sirvió solo una cosa, sino un conjunto. Todas alineadas al mismo principio, que es el perdón, el amor y la motivación de limpiar el inconsciente.

Sigue adelante y sobre todo, si algo hace eco en tu corazón, sigue por allí, sigue tu instinto y por favor, no hagas algo que no quieras hacer. Antes de tomar decisiones espera, respira y medita qué sientes en tu alma, ahí tendrás todas las respuestas. Y, por último, ¡deja todo en manos de Dios!

Si consideras que alguien se beneficiaría al leer este libro, sería maravilloso si se lo puedes compar-

tir. Tus comentarios también me ayudarán mucho a poder llevar mi mensaje a muchas mujeres que están atravesando algo similar.

¡Un abrazo y mil gracias!

www.vivirsinculpa.com
www.paulaocampocoach.com

mail: info@paulaocampocoach.com

REDES SOCIALES

FACEBOOK: @paulaocampocoach
INSTAGRAM @paulaocampocoach
YOUTUBE Paula Ocampo Coach

IMÁGENES

www.vindala.com
FACEBOOK: @vindalaoficial
INSTAGRAM @vindalaoficial

mandalas

www.ingramcontent.com/pod-product-compliance
Lightning Source LLC
Chambersburg PA
CBHW040732220426
43209CB00087B/1608